LE GRAND SEIGNEUR
ET
LA PAUVRE FILLE.

LE
GRAND SEIGNEUR
ET
LA PAUVRE FILLE.

PARIS. — IMPRIMERIE DE COSSON,
RUE SAINT-GERMAIN-DES-PRÉS, N° 9.

LE
GRAND SEIGNEUR
ET
LA PAUVRE FILLE;

ROMAN DE MOEURS

PAR M. E. L. B. DE LAMOTHE-LANGON,

Auteur de *Monsieur le Préfet*, *l'Espion de Police*,
le Chancelier et les Censeurs, *le Ventru*, etc.

Sæpè in magistrum scelera redierunt sua.
¡SÉNÈQUE, *Thyeste*, acte II, sc. I.
« Le conseiller d'une faûte en est souvent
la première victime. »

TOME SECOND.

PARIS,
MAME ET DELAUNAY-VALLÉE, LIBRAIRES,
RUE GUÉNÉGAUD, N° 25.
M DCCC XXIX.

LE GRAND SEIGNEUR
ET
LA PAUVRE FILLE.

CHAPITRE PREMIER.

LE RÉCIT ET LES REMONTRANCES.

> Faites-vous des amis prompts à vous censurer.
> BOILEAU., *Art poétique.*

« Vous ne vous doutez pas, Mongervel, avec quelle facilité les liaisons se forment dans la classe ouvrière; elle est sans méfiance des nouveau-venus, ou plutôt elle les suppose toujours bons, sauf plus tard à les repousser s'ils ne possèdent pas les qualités qu'on leur demande. Vous ne rencontrerez point là cette retenue, cette dignité qui nous porte à ne bien accueillir que ceux dont la vie et les entours nous sont parfaitement connus, qui nous font attendre les amis plutôt que d'aller à leur rencontre? Le peuple fait au contraire la moitié du chemin vers eux, soit qu'il ait moins d'expérience ou soit qu'il attache moins de prix à des liaisons qu'il rompt quand elles lui déplaisent avec autant de facilité qu'il les a formées. Une des causes principales de sa manière d'agir vient aussi, je présume, de ce besoin qu'il a d'un secours mutuel; il fait vraiment corps; il s'appuie, se soutient réciproquement par chacun de ses membres : c'est une ligue en permanence contre la misère et les chagrins.

» J'ai cru ce préambule nécessaire avant de vous dire que dès le second jour j'étais en pleine connaissance avec mes divers voisins; hommes et femmes me parlaient déjà, me demandaient de mes nouvelles et s'informaient avec un intérêt au moins apparent si j'avais de l'ouvrage; on réclamait de moi de légers services, comme on était prêt à m'en rendre. Les formes, les usages d'une société si nouvelle pour moi me surprenaient, et vous l'avouerai-je? je me laissais aller à leur douceur.

» Combien plus je les adoptai avec transport lorsque le troisième jour de mon établissement, et tandis que la porte de ma chambre était ouverte, je vis Thérèse Mortier se présenter devant moi une carafe vide à la main, et me prier de la remplir à ma fontaine si cela ne me gênait point! Je me hâtai de faire ce qu'elle désirait; elle m'en remercia avec une grâce naïve. La conversation s'engagea; je me montrai si modeste, si reservé, que je n'élevai dans cette âme honnête et pure aucune défiance. Peu à peu nous nous rapprochâmes davantage; elle m'écouta sans peine, et cependant ne répondit pas d'abord à mon amour.

» Le dimanche suivant j'étais renfermé chez moi, et par le trou de la serrure j'examinais les démarches de la jeune fille, dont la chambre, comme je vous l'ai conté, était placée en face de la mienne. Elle venait de s'habiller, et quoique mise simplement elle était jolie comme un ange. Sa bonne amie Sophie Loblin l'appela, et à elles deux elles discutèrent dans le corridor vers quel point elles dirigeraient leur promenade. On décida de suivre le boulevard Saint-Antoine, de prendre le quai Saint-Paul, de traverser l'île Saint-Louis, d'aller jusqu'au Jardin des Plantes et de revenir par le pont d'Austerlitz, la place Royale et les rues intérieures.

» J'écoutais les détails de ce plan avec une anxiété singulière, tant j'avais de frayeur d'apprendre que deux jeunes gens les accompagneraient; mais comme on ne dit aucun mot propre à réaliser mes craintes, je me rassurai et me promis de ne pas leur laisser finir la course toutes seules si elles ne me repoussaient point. Je fis une toilette aussi élégante que possible. J'avais un pantalon à raies blanches et violettes, un gilet jaune à fleurs et une redingote tête de nègre, un chapeau du prix de douze francs, des gants à vingt sous, des bottes cirées par moi-même, une cravate et un foulard fond blanc semé de fleurs variées. Je vous assure que je n'étais pas le plus mal mis parmi les habitués de la rue Phelippeaux.

» Toujours placé dans mon embuscade, je surveillai les mouvemens des deux amies, et dès que je les eus entendues descendre l'escalier, traverser la cour et parvenir sur la porte de la rue, je courus après elles, modérant mon pas sur le leur, de manière à les laisser atteindre le boulevard avant de les rejoindre. Elles remontèrent la rue du Temple et tournèrent à droite ; je vis alors qu'elles n'avaient rien changé à leur premier projet ; elles traversèrent seulement la chaussée. Je fis comme elles, et quand nous nous trouvâmes assez loin pour que je crusse notre trace perdue par ceux qui pouvaient nous connaître dans le quartier, je me rapprochai de ce groupe charmant.

» La vive Sophie Loblin m'aperçut la première. « Voilà notre voisin, » dit-elle à Thérèse.

» J'entendis ces mots moins que je les devinai au mouvement qu'elle fit et à la promptitude avec laquelle Thérèse tourna la tête de mon côté. Elle rougit, Mongervel ; elle rougit en me voyant tout auprès d'elle. Mon cœur battit à cette preuve d'un intérêt naissant ; car, ne vous y trompez point, la rougeur ne colore un joli visage qu'à l'aspect imprévu de celui que l'on voit avec intérêt, ou que l'on craint déjà. Rien dans les yeux de la belle grisette ne m'annonçait que je lui fusse déplaisant ; je pus donc sans trop de fatuité croire qu'elle ne me regardait pas avec peine. Je m'avançai plus près encore pour les saluer.

« Bonjour, notre voisin, » me dirent ensemble les jeunes filles.

« — Bonjour, mes belles voisines, leur répondis-je ; que je suis heureux de vous rencontrer ! »

« — Et où alliez-vous ? » me demanda Sophie.

« — Nulle part et partout, dis-je ; où vous irez, mesdemoiselles, si ma compagnie ne vous fait pas déshonneur. »

« — Pourriez-vous le croire, monsieur

Jean-Baptiste? répliqua Thérèse avec sa voix argentine, qui me sembla plus douce en ce moment; on est toujours flattée d'être dans la compagnie d'un honnête homme. »

« — D'ailleurs, ajouta Sophie en riant, deux jeunes filles seules donnent trop d'occupation aux hommes qui passent. Il n'y en a pas un qui ne veuille leur offrir de les accompagner, et beaucoup qui se distraient de leurs affaires pour les suivre. »

« — Ainsi, par bonté pour eux, lui dis-je, vous ne refuserez pas mon bras. »

» J'avais à peine parlé ainsi, que l'une et l'autre l'avaient pris sans plus de cérémonie et sans aucune défiance. Je fis l'ignorant sur le but de leur promenade. « Où allons-nous? » demandai-je.

« — Au Jardin des Plantes, me dirent-elles; mais d'abord par l'île Saint-Louis. »

» Je ne fis aucune objection, et nous nous acheminâmes vers ce lieu d'un pas rapide, causant au hasard, riant comme des enfans des choses les moins plaisantes. Elles sans inquiétude, et moi heureux,

heureux, Edmond, comme jamais je ne l'avais été encore. Thérèse écoutait mes paroles avec intérêt, elle me regardait parfois avec plus de vivacité; mon bras pressait doucement le sien, et si elle n'en faisait pas autant, du moins pouvais-je reconnaître que mon geste ne lui inspirait pas de colère, et que mon hommage ne serait pas repoussé avec dédain. »

« — Vraiment, Vicomte, dit le colonel, je me mets à votre place : c'était là du bonheur. » Ces mots furent dits d'un ton si équivoque qu'Adolphe ne comprit pas s'ils étaient ou non ironiques; il ne s'attacha pas à décider ce point, et il poursuivit comme si on ne l'eût pas interrompu.

« Nous arrivâmes au Jardin du Roi, nous vîmes les curiosités que cette belle promenade renferme, et ce fut avec une peine extrême que je pus obtenir de mes jolies compagnes la faveur de leur offrir quelques rafraîchissemens. Leur discrétion égalait leur aimable familiarité, et je vous assure que je les sollicitai bien autrement, pour dépenser trente sous avec elles, que lorsque avec des dames de notre société habituelle nous leur offrons d'entrer chez Tortoni, d'où nous ne sortons guère sans avoir laissé une ou deux pièces d'or sur le comptoir.

» La soirée s'écoula rapidement; nous ne nous apercevions pas de la course des heures. Sophie, moins occupée que Thérèse et que moi, donna enfin le signal de la retraite; nous partîmes, et je rentrai dans ma chambre le cœur rempli d'espérance et presque certain que je serais aimé. Le lendemain, tête à tête, je repris la conversation de la veille; je n'eus pas à combattre les refus attrayans de la coquetterie, ou à résoudre à ma honte les calculs de l'avidité; mais il me fallut lutter contre une âme véritablement vertueuse, qui ne concevait l'amour que sanctifié par les nœuds du mariage. Ce furent là des obstacles presque invincibles; je n'en triomphai pas d'abord : il fallut du temps, de la persistance et surtout cet isolement d'une jeune fille, sans gardien autour d'elle, sans appui, sans conseils, sans refuge contre sa propre faiblesse. Les principes de Thérèse étaient bons, mais rien ne les soutenait; son cœur parlait pour moi, et j'étais à toute heure à me servir de lui pour combattre sa raison. Souvent, lorsque la nuit était venue, nous restions seuls, Thérèse et moi, sans lumière, occupés à parler de notre amour. Oh! comme les ténèbres prêtent de l'éloquence à l'amant et rendent l'amante moins craintive! comme elle s'oppose avec moins d'énergie à de téméraires entreprises qu'elle ne peut prévoir, et dont on ne peut la voir rougir!

» Je vous assure, mon ami, que je n'ai jamais retrouvé à un degré aussi éminent la pudeur véritable, la candeur naturelle et la sagesse parfaite. Ce ne fut pas à l'entraînement de ses sens que céda cette jeune fille si franche, si pure, si modeste, mais à la conviction que j'étais un honnête homme, à la certitude qu'elle crut obtenir d'être ma femme un jour. Ah! combien dans ce moment elle m'était supérieure ! et à celui que je vous parle, combien je dois être honteux de ne posséder aucune de ses vertus !

» Plusieurs jours s'écoulèrent sans que notre position changeât; mon bonheur ne s'accomplit que par degrés, et pendant ce temps arriva dans notre corridor un jeune ouvrier, que déjà je vous ai fait connaître. Nous nous prévînmes en sa faveur, rien qu'à le voir seulement ; je dis nous, car Thérèse, Sophie et moi formions un trio inséparable ; et nous l'appréciâmes davantage dès que son caractère se fut développé. Il devint bientôt le compagnon obligé de nos courses; il s'attacha à moi avec une vivacité extrême; jamais il ne fut d'ami plus chaud, plus dévoué. »

« — Grand merci, Adolphe, pour d'Erbeuil et pour moi ! » dit le colonel en ricanant.

« — Ah ! ne vous en fâchez pas, Mongervel, reprit le vicomte; nous ne nous sommes vus encore avec vous que dans la bonne fortune, tandis que Cyprien et moi nous nous rencontrions presque tous les jours en présence de la pauvreté. C'est là où l'on descend jusqu'au fond du cœur des hommes : c'est lorsqu'il faut lutter contre le besoin devant d'aussi malheureux que nous, qu'on peut reconnaître ceux qui nous aiment sincèrement. »

Ces paroles furent dites par Adolphe avec tant d'énergie, avec une conviction si profonde, qu'elles enlevèrent au colonel tout désir de répliquer.

« J'aimai donc Cyprien, je l'aimai davantage lorsque j'eus acquis la certitude qu'il n'avait pu voir Thérèse sans la chérir éperdument; mais il savait déjà mon amour pour elle, il était instruit du retour que j'avais obtenu, et jamais cette âme supérieure n'en conçut un mouvement d'aigreur contre moi, ni ne chercha à me supplanter, ni se refusa à me rendre tous les services que je réclamais de son amitié. Ce ne serait pas sans doute un homme brillant dans le monde; on ne le citerait point pour son esprit; mais c'est la bonne foi, la vertu personnifiées; c'est une de ces âmes supérieures que la nature jette au hasard, s'en remettant aux circonstances du soin de le développer et de les amener à leur place légitime.

» Où je pus le juger parfaitement, ce fut pendant une maladie assez sérieuse dont Thérèse se vit attaquée. Les ressources pécuniaires de la jeune fille s'épuisèrent promptement. Je vins d'abord à son secours, et je parus me dépouiller pour elle de tout ce que je possédais; Sophie m'imita avec une grâce sans pareille. Cyprien Aimar entra chez moin un matin : Jean-Baptiste, me dit-il, voilà vingt francs pour aider mamzelle Thérèse ; je craindrais de la mortifier en les donnant à elle-même; fais comme s'ils étaient à toi, elle les recevra sans peine de ta main.

» Songez, Colonel, que ce vertueux jeune homme adorait Thérèse, et qu'il me savait son rival heureux. Voilà des cœurs qui sont rares dans le monde; en connaissez-vous beaucoup qui se conduiraient aussi noblement? »

Le colonel interpellé ne répondit pas; il était de mauvaise humeur, et tout dans cette histoire lui paraissait ridiculement extraordinaire.

« J'étais bien malheureux, reprit Adolphe, des souffrances de Thérèse; je la quittais le moins possible, je lui prodiguais des soins qui eurent leur récompense. Un soir, après son rétablissement, nous étions seuls ; elle me fit mettre à genoux auprès elle; je m'engageai en face de Dieu de n'avoir qu'elle pour épouse !... »

« — Vous avez fait ce serment, vicomte? » s'écria le colonel en se levant de nouveau.

« — Et je le tiendrai, si Dieu m'en donne la force ! » répliqua Adolphe avec une modeste fermeté.

« — Mon ami, reprit Mongervel, tout cela est admirable ; ces sentimens vous font beaucoup d'honneur ; mais il me semble ou que vous ne comprenez pas bien votre position, ou qu'il ne vous plaît que de l'envisager sous une seule face. »

« — Je ne vous entends pas. »

«— C'est ma faute si je m'explique mal. Je vais alors tâcher de me rendre plus intelligible. En promettant à cette jeune fille de l'épouser, ne vous est-il pas venu dans la pensée que vous vous engagiez au-delà de votre pouvoir? Avez-vous pu oublier des sermens non moins solennels et certainement plus respectables? N'êtes-vous pas engagé vis-à-vis votre cousine ? votre mariage n'est-il pas irrévocablement arrêté entre vos deux familles ? »

«—Suis-je, moi, lié personnellement? »

« —Oui, vous l'êtes, car en ne vous opposant pas au désir de vos parens, en gardant devant eux un silence respectueux, vous avez laissé croire que vous voyiez cet hymen sans peine. Vous savez le proverbe : Qui ne dit mot consent; et par là, votre consentement me paraît hors de doute. Quoi ! si Honorie vous déplaisait, si vous n'étiez point flatté de cette alliance, fallait-il la laisser conclure? Tout Paris en est instruit; le roi vous a désigné même comme le successeur de votre beau-père dans les honneurs de la pairie. Et maintenant à ces promesses tacites, et qui pour cela n'en ont que plus de force, vous opposerez je ne sais quelle parole irréfléchie!... »

« — Colonel! »

« — Fort bien, Adolphe, fâchez-vous parce que vous avez tort et que je vous parle le langage de la raison. Mon ami, vous devez me connaître; je n'ai jamais souffert que nul me manquât; et malheur à celui qui soulèverait une question à laquelle mon honneur se croirait intéressé! Mais de vous à moi, dans la position présente surtout, il ne peut, il ne doit exister d'aigreur, de bouffissure et de mauvaise querelle; vous ne devez pas vous gendarmer de tout ce que je peux vous dire, ni moi non plus mettre l'épée à la main au premier mot extravagant que vous m'adresserez. Mais par Dieu! puisque vous m'avez accordé votre confiance, souffrez que je la mérite, en m'exprimant avec sincérité. Si cela ne vous convient point, mettez que vous me m'ayez rien dit; j'oublierai jusqu'au moindre mot de cette histoire, et nous serons vis-à-vis l'un de l'autre ce que nous étions hier au soir. »

Le bon sens, de quelque manière qu'on le présente, a toujours un ascendant auquel on résiste mal. Le vicomte Adolphe sentit sans effort combien le colonel était dans son droit; et venant à lui, il prit sa main : « Je conviens que je suis un insensé, cher ami, de me monter à votre première parole. Oui, grondez-moi à votre aise, dites-moi tout ce que votre sagesse imaginera de plus désagréable ; vous me trouverez docile à vous écouter. Je ne veux pas vous offenser : lorsque je me montre susceptible, ne voyez là-dedans que le malheur de ma position. »

« —Nous convenons donc, reprit le colonel avec plus de bonhomie, que nous cesserons de nous échauffer l'un contre l'autre. C'est un point qu'il fallait arrêter, car, cher

Adolphe, je ne puis vous répondre de dompter toujours un mouvement impétueux. Je vous suis si tendrement attaché, que je souffre lorsque je vous vois descendre dans un abîme de malheurs dont vous ne sortirez plus. Au reste, je reprendrai, si vous voulez le permettre, la conversation au point où nous l'avons suspendue. Je vous demanderai comment vous entendez faire en présence de deux engagemens que je regarde également comme sacrés. »

«— Vous m'embarrassez beaucoup, répliqua le vicomte : je n'avais pas envisagé la question sous l'aspect où vous la présentez ; je me croyais entièrement en dehors des projets de ma famille. »

«— Vous ne l'êtes, mon ami, ni à mes yeux, ni à ceux du monde, soyez-en persuadé. D'ailleurs, ne songez-vous pas au désespoir dans lequel vous plongerez votre père, votre mère, la marquise de Nertal, sans compter Honorie elle-même et votre sœur, à laquelle vous nuirez pour son établissement ? »

Au nom de son aïeule, le vicomte Adolphe fit un geste négatif par lequel il prétendait exprimer qu'après la douleur de son père et de sa mère, celle de la marquise l'occupait moins. Mais la pensée de sa sœur le frappa d'une manière pénible ; aussi ne put-il s'empêcher de dire à Mongervel :

« — En vérité, Edmond, vous avez un art extrême à frapper sur toutes les cordes sensibles de mon cœur. »

« — Je voudrais le faire avec succès ; je voudrais vous rendre à vous-même, non cependant que je passe ma vie à vous contrarier. Vous ne m'entendrez point persister dans mon système d'opposition, si vous persistez dans votre volonté ; alors je tâcherai d'adoucir votre position ; car, avant tout, je vous aime ; et lorsque le jour viendra où la société vous repoussera en vertu d'un acte de folie, vous me trouverez toujours. »

« — Je compte sur vous en effet, sur d'Erbeuil, » et sur Cyprien, allait-il ajouter ; mais une fausse honte arrêta dans sa bouche ce nom si honorable à prononcer. Le colonel devina cette réticence, et un éclair de joie maligne brilla dans ses yeux, car il crut avoir découvert le côté faible de son ami. « Oui, poursuivit Adolphe, mes vrais amis ne m'abandonneront point par cela seul que j'aurai cherché le bonheur par une route inusitée. »

«—Prenez garde, Vicomte, que le monde dans cette affaire aura raison en apparence. Il dira qu'élevé avec votre cousine, vous avez connu dès son enfance vos projets d'union avec elle, que vous avez toujours cherché à la voir, que jamais vous n'avez protesté contre ce mariage; on citera la confiance de votre oncle, l'amitié de vos parens, le bon accord qui régnait entre vous; et, convenez-en vous-même, n'y en a-t-il pas là assez pour qu'on se croie en droit de vous blâmer ? »

« — Vos réflexions me sont insupportables. »

«—Adolphe, nous nous sommes promis de ne point nous fâcher, et voilà que de cela seul que j'ai raison, l'aigreur de votre part recommence. »

« — Vous auriez raison. !

«—Oui, par-devant qui que ce soit, hors vous et peut-être votre maîtresse. »

« — Ah! que ma Thérèse vous est mal connue! elle serait capable de me tout sacrifier. »

« — Les femmes, en certaines circonstances, ont plus d'énergie que les hommes : elles s'immolent au bonheur de leur amant. »

« — Et moi, ne dois-je pas suivre un tel exemple et lui immoler aussi de vaines considérations?... »

« — Pour vaines, non pas, s'il vous plaît. Dites de fortes, de graves, de fâcheuses, à la bonne heure; ceci sera plus exact. Mais cessons une conversation qui nous déplaît; nous la reprendrons plus à loisir. Aussi bien vous avouerai-je que, frappé dans le cœur par cette funeste confidence, j'ai besoin d'alléger son poids. Etes-vous libre aujourd'hui? n'êtes-vous retenu par aucune espèce de service? » (Et le colonel insista sur ce mot.)

« — Non, » répondit Adolphe en souriant à demi.

« Eh bien, montons à cheval, et allons au bois de Boulogne ; la matinée est délicieuse ; peut-être y trouverons-nous cette distraction qui nous est nécessaire à l'un et à l'autre. »

CHAPITRE II.

LA CORRUPTRICE.

> Avec des paroles dorées on trompe la vertu.
> Livre des *Maximes*.

Plusieurs jours s'étaient écoulés, et peut-être plusieurs semaines, depuis la matinée où le vicomte Adolphe de Nertal s'était donné un confident. Le colonel, loin de revenir sur le point principal de cette conversation importante, avait pris à tâche de l'oublier, il n'en parlait plus à son ami, il n'y faisait jamais allusion, et Adolphe put reconnaître pleinement que le colonel, qui l'aimait beaucoup, affectait une conduite neutre dans une affaire où la raison était opposée à son attachement. Adolphe voyait en cela une sorte de délicatesse dont il ne pouvait se plaindre, et, de son côté, prenait le parti de se renfermer dans un silence absolu ; mais lui, loin de varier dans ses pensées, loin de se désaccoutumer de son amour pour la jeune Mortier, il l'enfonçait chaque jour davantage en son cœur, à mesure surtout que l'état de la santé de son amie lui annonçait l'arrivée prochaine d'un fruit infortuné de leur attachement mutuel.

Thérèse, qui ne possédait pas l'effronterie de tant de femmes de sa classe, cherchait à dissimuler de son mieux la preuve irrécusable de son erreur; mais, seule avec Jean-Baptiste, lorsqu'elle pouvait cacher sa tête dans le sein de son amant, alors ses larmes coulaient avec abondance, et sa douleur muette demandait avec une éloquence persuasive une réparation que le jeune homme n'était pas en droit de lui donner.

« Sois tranquille, ma Thérèse, lui disait-il, dès que j'aurai atteint l'âge où la loi de l'état me permettra de disposer de ma personne, si mon père se refuse à bénir lui-même notre union, je la contracterai publiquement en face des hommes ainsi qu'elle a été contractée devant Dieu. »

« — Je sais bien que tu ne peux pas au-delà ; mais pourquoi n'avons-nous pas attendu jusqu'à cette heure ? disait-elle avec une naïveté charmante : nous n'aurions à gémir ni l'un ni l'autre, et je ne serais pas déshonorée dans tout le quartier. »

« — Malheur, s'écria Jean-Baptiste à qui je conserverai ce nom tant qu'il paraîtra sous son déguisement ; malheur à celui ou à celle qui t'offenserait ! je me chargerais d'en tirer une vengeance terrible ! »

« — Et je serais alors doublement à plaindre : on m'aurait blessée, et j'aurais à craindre pour toi. Que deviendrais-je si tu recevais ou donnais un mauvais coup, et si l'on t'enfermait à la geôle ?... »

« — Mais y songes-tu ? »

« — Comment pourrais-tu faire pour l'évitet? on ne ménage pas les pauvres. Si tu étais un noble, peut-être t'en sortirais-tu avec quelque argent. Tu ne l'es pas, et ta position deviendrait pire. Ah! Jean-Baptiste, de quelque manière que les choses s'arrangent, je suis bien malheureuse, sois-en certain. »

« —Ne pourrais-tu quitter la maison? aller hors des barrières, dans quelque village où nous louerions un joli appartement?.. »

« — Mon Dieu! tu perds la tête! Est-ce que nous pourrions payer un double terme? Que deviendrait mon mobilier? où trouverais-je du travail? car enfin il en faut pour vivre. Je suis toute frappée de la folie que tu viens de me débiter. »

Jean-Baptiste, en s'exprimant comme il venait de faire, avait cédé à la force de l'habitude; il ne s'était plus souvenu qu'il n'était point dans la rue Phelippeaux ce qu'il était réellement, et les premières paroles de Thérèse suffirent pour le remettre dans sa position apparente.

« — Tu as raison, ma toute bonne, répondit-il; je suis un véritable fou, je prends mes songes pour des réalités. Dieu veuille qu'un jour ils deviennent pour nous ce que je les désire ! mais, en attendant, que faire ? »

« — Rester ici, souffrir et garder le silence. D'ailleurs, où trouverai-je une compagne comme l'excellente Sophie ? Qui remplacerait Cyprien ? De tels amis me dédommageront des humiliations que je me prépare, car je serai plus honteuse devant le monde que le monde ne sera malhonnête à mon égard. C'est que, vois-tu, ajouta-t-elle avec un sourire charmant qui se mélangea avec ses larmes, je suis une pauvre fille bien simple, je n'ai pu encore comprendre que du mal n'est pas le mal. Je me souviens des conseils de madame Nicolas, et elle me disait : Ma fille, il faut avoir de la vergogne pour soi et non pas pour les autres. Lorsqu'on ne rougit que de ce qu'on peut dire, on ne balance pas à faire ce qu'on croira être caché; et Dieu sait si cette chère femme avait raison. »

Jean-Baptiste écoutait avec un ravissement inexprimable ces paroles naïves; il admirait la candeur de cette céleste créature, et plus il vivait avec elle, plus il aimait à la retrouver. Il venait la rejoindre autant qu'il le pouvait, il la distrayait de ses peines, il l'enivrait de son amour; aussi Thérèse était presque toujours heureuse pendant sa présence, et son âme ne devenait soucieuse que lorsque Jean-Baptiste était parti. Sophie Loblin, amie parfaite, ne possédait ni l'entraînement du jeune homme, ni même sa discrétion; on trouvait en elle les qualités et les imperfections de son état. Elle ne savait rien taire, rien dissimuler, rien adoucir; elle racontait les choses comme elles s'étaient passées, les propos sans en diminuer l'amertume. Thérèse savait par elle ce que l'on disait sur son compte chez la portière Michel ou dans les diverses boutiques de la rue Phelippeaux; là on devisait à qui mieux mieux au sujet de la petite couturière.

« — Oui, ma chère, disait Sophie, madame Rougé m'a demandé hier : Eh bien, mamzelle Loblin, à quand la noce? — Ma noce! ai-je répondu, oh! pas encore; je ne suis pas pressée de m'établir.—Vous à la bonne heure, mais il y a des demoiselles qui prennent les devans, et celles-là feraient bien d'achever devant un prêtre ce qu'elles ont commencé ailleurs.—Il me semble, madame Rougé, ai-je répondu, que cela ne regarde pas le quartier; c'est comme si nous nous informions d'où vient que votre mari a fait tant de chemin dans la garde nationale. Alors la méchante femme n'a plus rien dit devant moi, mais par-derrière elle s'est bien dédommagée, car je tiens de la mère Loret.....»

«—Eh! Sophie, je ne te demande pas ces jacasseries dont la connaissance me fait tant de mal.»

«—Si tu les ignores, Thérèse, comment pourras-tu rendre la pareille? Je puis te confier que la bonne de la mercière...»

La conversation, pénible pour la jeune Mortier, au moment où, par générosité d'amie, Sophie allait déchirer à belles dents la réputation d'une pauvre fille, fut interrompue par la venue de la femme Robillot.

Celle-ci n'aimait pas Sophie, qui le lui rendait bien; aussi, dès que la couturière l'eut reconnue elle se leva, lui fit une révérence très-sèche, et sortit précipitamment de la chambre de son amie. La devineresse lui rendit sa politesse avec autant de mauvaise grâce; c'étaient deux ennemis en présence, plutôt portés à se combattre qu'à entrer en pourparler de paix.

« Voilà une créature qui m'est bien déplaisante, » dit la Robillot avec aigreur.

« — Et une personne qui m'est chère autant que possible, » dit Thérèse avec une modeste fermeté; car elle tenait aussi de madame Nicolas qu'il ne faut jamais abandonner ceux qui nous sont chers quand on les attaque devant nous. La douceur de mademoiselle Mortier était si bien connue dans le quartier, qu'un acte de résistance de sa part devait surprendre : ce fut l'effet qu'il produisit sur la nouvelle venue.

« — Ah ! ma petite ! dit-elle. Comment ! avec un air si doux vous avez bec et ongles ! vous savez mordre et égratigner ! Il fait donc bon être votre amie, puisque vous défendez les absens. C'est une qualité bien rare par le temps qui court. »

« — Et que chacun devrait avoir, » ajouta Thérèse.

« — Oui ! oui ! tout irait mieux ! et tout va si mal ! Mais ceci n'est pas le sujet qui m'amène chez vous, mon enfant; je viens vous apporter des complimens de la part du monsieur à qui vous avez fait des chemises. Elles lui plaisent beaucoup, et pour vous en donner la preuve voilà, outre le prix convenu, un gros écu de cinq francs qu'il offre en guise de prime à la gentille ouvrière. »

« — Il a donc été content ? Dieu me le conserve ! » dit Thérèse en rougissant de plaisir.

« — Il l'a été à tel point, qu'il m'a priée de

vous envoyer chez lui, parce qu'il désire que vous fassiez d'autres chemises, des cravates et du linge de toute sorte. Je crois que vous me remercierez souvent de vous avoir procuré son excellente pratique. »

«— Je vous en remercie déjà, madame Robillot, et vous êtes trop bonne pour moi. Comment se fait-il qu'on dise que vous êtes méchante pour les autres? »

«— Ecoutez-vous les mauvaises langues, les envieuses, les caqueteuses? Je fais trente-six métiers; chacun me rencontre dans sa route; et tous crient après moi; voilà pourquoi on me jalouse et on me décrie. Je suis malheureuse, mon enfant; mais vous me rendez justice, ainsi qu'un petit nombre de bonnes âmes qui monteront au ciel parce qu'elles ne disent pas pis que pendre du prochain. »

Thérèse entendit cette justification avec une attention extrême : elle éprouvait le besoin d'estimer ceux qui l'obligeaient. Son interlocutrice reprit ensuite la parole.

« — Et les amours ? comment vont-ils ? Etes-vous plus heureuse ? Le mariage presse, ma fille ; je vois cela avec regret. »

Thérèse, frappée au cœur, baissa la tête et se mit à pleurer.

« — La jeunesse est folle, poursuivit la sorcière : elle se met dans la peine, et cela faute de choisir ; elle prend le premier godelureau qui se présente, un beau fils bien pimpant, bien attiffé, sans s'informer s'il est maître de sa personne ou s'il a du bien au soleil. Et puis quand la faute est faite, quand un nouveau venu se présente, que reste-t-il ? les larmes et la misère. Si au moins, à tant faire que de pécher, on écoutait un homme d'un certain âge, bien sage, bien renté, il en reste quelque chose ; et si on ne l'épouse pas davantage, il fait au moins du bien à la mère et à l'enfant. »

« — Jean-Baptiste m'épousera, dit Thérèse en sanglotant et sans avoir compris où voulait en venir la méchante femme ; il me l'a promis devant Dieu, et certainement il a de la probité. »

« — Cela se peut, sans que je fusse surprise du contraire; mais peut-être que ce garçon ne sait pas s'y prendre pour décider ses parens. Une amie qui vous aimerait bien moi, par exemple, ma chère, si j'allais voir son père; si je lui faisais connaître vos vertus, votre mérite, et comment vous avez été trompée..... »

«—Oh! pour ceci non, madame Robillot; je n'ai pas été trompée; si j'ai eu tort, ce n'est point à Jean-Baptiste qu'il faut s'en prendre. Quant au reste, il me serait bien agréable que son père avançât notre mariage de deux ans, et je ne refuserais pas que vous vous mêlassiez de cette affaire. »

«—Eh bien! mon cœur! dit la Robillot avec une joie manifeste, sachez, sans avoir l'air d'y tenir beaucoup, le nom, la rue et le numéro de ce bon bourgeois, j'irai le voir, et certainement en tirerai pour vous quelque chose. »

«—Ecoutez, madame Robillot: je ne puis

vous promettre de cacher à Jean-Baptiste quel est le motif qui me fait désirer de savoir la demeure de son père. Je veux qu'il sache mon dessein de vous envoyer vers cet honnête homme. Il me serait impossible de tromper ce cher ami, et surtout dans une circonstance qui est si importante pour lui autant que pour moi. »

Cet aveu contraria la corruptrice. « Comment nous en sortirons-nous, dit-elle, si votre bon ami se refuse à nous confier la demeure de ses parens ? »

«—Je patienterai, ma voisine, et j'attendrai que Jean-Baptiste me devienne meilleur. »

«—Et pendant ce temps l'enfant viendra au monde, et vous, pauvre mère, que deviendrez-vous ? »

«—Ce que Dieu voudra. Aussi bien est-ce Dieu qui me punit de ma faute, et il faut que je souffre humblement la peine qu'il m'envoie. »

Ces paroles angéliques auraient dû dé-

sarmer la devineresse; mais elles ne firen
que glisser sur son cœur d'airain.

«—Allons, ma petite, dit-elle, il en sera
ce que vous voudrez; on ne peut forcer les
gens à être heureux malgré eux, et puisque
vous prétendez demeurer dans cette
confiance folle, restez-y tant que cela vous
amusera. Mais, mon Dieu! qu'ai-je donc
fait de l'adresse du monsieur aux chemises?
je l'ai oubliée sur mon comptoir! il faudra
qu'à la nuit tombante vous preniez la
peine de venir la chercher chez moi. Aussi
bien aurai-je peut-être quelque autre chose
de bon à vous dire, car je m'occupe beaucoup
de vous. »

Après ces derniers mots, la femme Robillot
prit congé. Elle partit en toute hâte.
Plusieurs personnes, disait-elle, devaient
l'attendre dans ses magasins. Thérèse,
quand elle se fut éloignée, pesa le bien et le
mal de cette visite, et le bien lui parut supérieur.
En effet, on lui ouvrait une nouvelle
source de travail, et peut-être ramènerait-on
le père de Jean-Baptiste à de

meilleurs sentimens. Elle conta toutes ces choses à Sophie lorsqu'elle la revit.

« C'est comme moi, prétendit-elle : mamzelle Séphas, qui me boudait, m'a reprise de plus belle amitié que jamais : elle m'a donné de l'ouvrage pour plus d'une semaine. »

Sophie s'arrêta après cette dernière phrase : elle n'osa pas ajouter que la prétendue amie avait exigé, en retour de ses bonnes grâces rendues, quelque chose qui eût appartenu à Jean-Baptiste, sous prétexte de le garder en monument d'un amour infortuné ; et qu'elle, pour satisfaire ce désir bizarre, avait enlevé à Thérèse elle-même une portion de boucle de cheveux que le jeune homme lui avait donnée. Sophie sentait qu'elle avait fait en ceci une faute, et cependant elle ignorait l'usage coupable auquel on destinait le gage prétendu d'un amour infortuné : elle croyait ne contenter qu'un vain caprice, et à ce prix se procurer à elle-même un avantage dont elle avait besoin. Les héros, les héroïnes des histoires imaginaires sont des modèles accomplis de perfections et de délicatesse; dans la réalité il en est autrement. Ici les qualités, les imperfections sont balancées dans les âmes, et il n'en est aucune presque qui n'écoute son intérêt, surtout lorsque dans celui-ci elle ne voit rien de préjudiciable à une tierce personne.

Thérèse Mortier ne manqua point, vers la nuit tombante, de se rendre chez la Robillot.

« — Vous êtes une fille exacte, lui fut-il dit lorsqu'on la vit arriver. Il y a du plaisir à vous donner un rendez-vous d'affaire, vous y venez avec autant de zèle qu'à celui que vous indique votre amoureux. Tenez, voilà l'adresse, ne la perdez pas : *Monsieur Dupré, rue du Mail, numéro.....* ne manquez pas d'y passer dans deux ou trois jours au plus tard ; un peu d'empressement fera plaisir, et puis ceux chez qui on va n'ont plus le temps de choisir ailleurs. C'est un bon avis que je vous donne. »

Madame Robillot parlait ainsi lorsque le

père Poulvant arriva; il ne reconnut plus Thérèse; il vit seulement une jeune femme dont le ventre rondelet se dessinait sous une robe simple, et dont les traits charmans portaient l'empreinte d'une douce mélancolie.

« — Madame, dit-il en s'adressant à la maîtresse de la maison, est sans doute une de vos pratiques, et je ne doute pas qu'elle ne suive le droit chemin. »

«—Non, mon révérend père, répondit la devineresse; cette jolie femme n'est pas une de mes pratiques, mais bien une ouvrière que je fais travailler ; c'est un ange de raison, de sagesse et d'habileté; elle cout à merveille, et si parmi les dames dont vous dirigez la conscience, il en était quelqu'une qui voulût l'employer, elle serait plus que satisfaite de son ouvrage; quant à sa conduite, il n'y a rien à en dire de fâcheux : on va à la messe tous les dimanches et bonnes fêtes, à vêpres quand on peut, parce que les soins d'un ménage et les caprices d'un mari..... »

« — Madame, dit Thérèse toute surprise et avec une expression de franchise qui fit peur à la Robillot, pourquoi dire à Monsieur..... »

« — Que votre mari abuse de votre patience ; où est le grand mal ? c'est un saint homme qui ne s'instruit de ce qui arrive dans les familles que pour y apporter le contentement et la paix : tranquillisez-vous, il vous fera du bien, s'il lui est possible, et souvenez-vous que ce que je dis n'est aussi que dans de bonnes intentions. »

Ces paroles furent prononcées avec un accent particulier qui donna à connaître à la jeune fille qu'elle aurait tort de démentir ce que l'on venait d'avancer à son sujet; sa timidité et la crainte de déplaire à celle qui semblait lui porter un si vif intérêt retinrent dans sa bouche la manifestation de la vérité.

« — Madame, dit à son tour le père Poulvant, que Dieu vous maintienne dans ces excellens principes, et vous aurez lieu de vous en louer. Les maris, je ne le sais que trop, souffrent avec peine, dans ce siècle corrompu, que leurs femmes donnent des instans aux devoirs d'une piété solide; c'est à vous à trouver le moyen de tout concilier. Quant à moi, d'après le témoignage que rend de vous madame Robillot, je tâcherai de vous ouvrir l'entrée de plus d'une forte maison, et ceci me sera facile : j'aime mieux procurer des ouvrières mariées et pieuses que de jeunes filles mondaines qui se livrent au vice, et qui ne tardent pas à se déshonorer. »

« — Allons! allons! madame Mortier! dit la devineresse, portez-vous bien, remerciez Monsieur, et puis laissez-nous ensemble : ce digne prêtre a à me parler de choses que vous êtes trop jeune pour entendre. »

A la suite de cet adieu, madame Robillot saisit Thérèse par le bras, lui fit traverser rapidement la chambre intermédiaire, la mena ainsi jusqu'à la porte de la rue, et là, s'arrêtant avec elle : « — Enfant que vous êtes, devez-vous me démentir lorsque je parle dans votre intérêt? la belle

2*

chose à apprendre à ce pieux ecclésiastique que vous êtes une étourdie, séduite par un mauvais sujet avec lequel vous vivez encore.... Taisez-vous, serpent joli... Voyez-la, elle me dévorerait, parce que je ne suis pas comme elle amoureuse de son Jean-Baptiste..... Adieu, si vous avez à me chercher querelle, revenez quand je serai seule, alors nous nous en dirons à volonté. »

Cela fait, la femme Robillot pousse Thérèse dans la rue, ferme la porte, et revient auprès de l'abbé Poulvant.

CHAPITRE III.

LES DEUX AMIS.

Vulgare amici nomen, sed rara est fides.
PHÈDRE, liv. III, fable 9.

« Il est commun le nom d'ami,
Mais l'ami fidèle est bien rare. »

JEAN-BAPTISTE, au lever du jour, allait quitter sa jeune épouse, lorsque celle-ci l'arrêtant par le bras : « Oh ! mon ami ! lui dit-elle, il est de bonne heure ! as-tu besoin de partir aussitôt ? »

« — Il ne serait jamais assez tard si je n'écoutais que mon amour, lui fut-il répondu avec une chaleur entraînante ; mais le devoir est un maître exigeant : sans lui, ma Thérèse, je ne me séparerais pas de toi. »

« — Tu éprouves donc toujours le besoin de ma présence? Oh ! Jean-Baptiste! si elle t'était nécessaire comme la tienne l'est à mon amour, que ne ferais-tu point pour arriver à une réunion parfaite! »

« — Crois que je ne la souhaite pas moins que toi. »

« — Et pourtant, mon ami, as-tu fait tout ce que tu pouvais faire pour la décider? as-tu prié, pressé tes parens comme j'aurais tourmenté les miens jusqu'au moment où ils se seraient rendus à mes instances? Ton père, ta mère doivent être de bonnes gens, sans façon et honnêtes; tout me l'affirme, car tu es si bien élevé, et les enfans ne sont que ce que les ont faits de sages exemples. Tes parens ne savent peut-être pas la position malheureuse où je me suis laissée aller par trop de faiblesse..... Non, Jean-Baptiste, rassure-toi, c'est par unique amour que je voulais dire. Si tu leur faisais parler; si des amis tâchaient de nous les rendre favorables, ceci pourrait-il leur déplaire et te contrarier?... »

« — Thérèse, dit le jeune homme avec une agitation extrême, je crois que rien ne changerait en ce moment la résolution de mon père; il est ferme dans ses idées, parce que toutes lui paraissent raisonnables; il n'a pour toi rien de ma passion, et j'aurais peur que la connaissance de ton état ne le rendît que plus difficile. Mais au nom de Dieu, ne verse pas ainsi des larmes! ne m'accuse pas des erreurs d'autrui; ce n'est pas moi que tu dois entendre, moi qui t'adore!... »

« Ton père! ton père me mépriserait donc? »

« —Non; il ne ressentira pour toi ni mépris ni haine; mais il craindra la fin de notre attachement : il s'imaginera qu'une flamme satisfaite est près d'être amortie. Ainsi moins que jamais il voudra exaucer nos vœux. »

« — Ce que tu me dis là est bien triste ; j'ai donc à craindre maintenant qu'il ne me reste plus rien à t'accorder la fin de ton amour. »

«—Eh! pourquoi, ma Thérèse, conçois-tu cette pénible pensée? Me suis-je montré à toi moins amoureux depuis que je suis ton mari devant Dieu? as-tu aperçu en moi de la froideur, du dégoût? suis-je venu moins souvent?»

«—Non! Jean-Baptiste; tu es pour moi toujours le même; il me semble que ton cœur bat aujourd'hui avec autant de vivacité qu'il battait hier. Je ne me plains pas de toi, j'ai peur seulement, et c'est là toute mon inquiétude. Ceux qui n'aiment pas comme nous ont du plaisir à tourmenter ceux qui aiment. On n'aborde jamais une jeune fille sans l'entretenir de l'inconstance des jeunes garçons; on nous les représente tous comme de francs volages, ne tenant aucune de leurs promesses, et prêts à changer à tout vent. Cela nous tourmente, éveille nos soupçons; on forme des craintes, et une âme naïve en est cruellement affectée. Ecoute, mon ami, poursuivit Thérèse en entourant de nouveau Jean-Baptiste dans ses jolis bras, tandis que rapprochant sa bouche de la sienne le plus près possible, elle essayait encore la puissance d'un sourire : si tu voulais me rendre bienheureuse, tu me laisserais tenter une démarche auprès de tes parens. »

«—Toi! te présenter à eux! s'écria Jean-Baptiste en faisant un mouvement d'effroi; pauvre fille! cela est impossible. »

«—Soit, puisque tu n'espérerais rien de ma présence ; mais à ma place une femme âgée, respectable (ce mot fut prononcé en hésitant), ne pourrait-elle les aller trouver, ne leur conter de notre amour et de ma position que ce qui serait utile ? Peut-être réussirait-elle mieux que tu ne parais le croire, et conduirait-elle notre affaire vers un bon résultat. »

«—Ce moyen, répliqua le jeune homme en secouant la tête, ne vaut rien non plus. Quelle confiance mon père aurait-il en une inconnue? quelle femme assez digne pourrais-tu lui envoyer ? »

« Oh! quant à cela, reprit Thérèse avec confiance, je lui enverrais une dame bien établie, ayant un beau magasin, et riche autant qu'on peut l'être ! »

« — Et tu l'appelles ? »

« — C'est la revendeuse à la toilette, madame Robillot. »

Malgré le chagrin qui dévorait Jean-Baptiste à cette heure, il ne put retenir un éclat de rire, au nom de l'ambassadrice importante que Thérèse, pleine de confiance, voulait employer.

« Oh! ma chère amie, dit-il en la couvrant de baisers, es-tu folle de me proposer cette créature, la sorcière de la rue Frépillon? La marchande de vieux tableaux aurait quelque influence sur ma famille ! Dieu nous préserve qu'elle s'y présente en ton nom : ce serait là l'arrêt de notre séparation éternelle ; jamais mon père ne voudrait te croire honnête fille s'il te connaissait une protectrice pareille. »

Cette réponse renversait les idées et les espérances de Thérèse, et ses larmes recommencèrent à couler avec abondance. Son amant essaya par les caresses les plus tendres, par les propos les plus doux, de la consoler. Il lui jura que leur avenir serait meilleur que leur condition présente, que lui seul suffisait à mener les choses à bien ; il employa tous les langages, s'y prit de toutes manières, et quitta enfin la jeune fille lorsqu'il reconnut que, si elle n'était point entièrement satisfaite, du moins son inquiétude avait beaucoup diminué.

Cependant, après son départ, Thérèse, remplie du seul objet qui occupât sans trève toutes les facultés de son âme, et ayant besoin d'épancher sa douleur, confia à Sophie Loblin les offres de la devineresse, et de quelle façon Jean-Baptiste les avait repoussées. Quoique la petite grisette n'aimât pas la Robillot, elle ne laissait pas que d'avoir pour elle une haute considération, et surtout une estime irréfléchie de son importance dans le monde. Dès lors ce fut avec un étonnement extrême qu'elle apprit le refus qui avait été fait d'un secours aussi puissant. Ceci alluma dans son âme un éclair de soupçon touchant la sincérité de Jean-

Baptiste, et si elle eut assez de réserve pour n'en point faire part à son amie, il lui fut impossible de garder la même retenue vis-à-vis de Cyprien Aimar.

Celui-ci, toujours honnête à l'égard d'elle, conservait cependant une froideur qui désolait Sophie. Elle trouvait Cyprien un si beau et bon garçon, qu'elle n'eût pas hésité à lui donner son cœur, pour peu qu'il en eût fait la demande. Mais Cyprien, toujours excellent ami, paraissait vouloir se tenir sur la ligne de ce sentiment tranquille, tant au moins que son amour secret pour Thérèse ne serait pas amoindri. Sophie lui connaissait cette passion malheureuse; elle le plaignait, et aurait eu tant de joie d'aider à sa guérison, que sans cesse elle recherchait les occasions de se rapprocher du jeune menuisier. Il possédait toute sa confiance, elle lui racontait ses affaires, et elle suivait ses conseils.

Dans la circonstance présente, la couturière, remplie encore de ce que son amie venait de lui apprendre, saisit la première occasion favorable où elle rencontra Cyprien, pour raconter les choses qui se passaient, et avec quelle persévérance leur ami commun avait refusé le concours de madame Robillot. Cyprien écouta ce récit en silence, et avec son air de gravité accoutumée, qu'il employait lorsque son attention était fortement attachée. Gai par caractère, et possesseur d'une figure charmante, il savait lui prêter un attrait tout différent lorsqu'il la rendait sérieuse. Il reçut donc avec cette apparence solennelle ce que Sophie lui révéla; mais il mit beaucoup de réserve à faire connaître ce qu'il pensait là-dessus. Il esquiva la réponse directe aux questions multipliées que Sophie lui adressa à ce sujet. La jeune fille n'y fit pas beaucoup d'attention; l'essentiel pour elle avait été d'épancher son cœur dans celui de Cyprien, et elle le quitta, après lui avoir adressé la recommandation banale de tenir secret ce qu'on lui avait dit.

Ceci était inutile: la réputation de Thérèse, et surtout son bonheur, étaient pour lui l'arche sacrée. Certes il n'aurait rien répété de ce qui aurait pu la compromettre; mais ce qu'il savait enfin venait renouveler en lui de vagues inquiétudes. Cyprien, quoiqu'il n'eût guère ni le temps ni les moyens de réfléchir, ne laissait pas que d'envisager, parfois les choses sous tous leurs aspects ; et, comme je crois l'avoir dit, la conduite de Jean-Baptiste lui avait paru louche à plusieurs reprises et à certaines circonstances ; et ses soupçons, se réveillant tous ensemble, il résolut de les éclaircir à la fois. Se maintenant dans cette disposition d'esprit, il entra le dimanche matin suivant dans la chambre du prétendu colleur de papier, et après les premiers complimens d'usage :

« Ecoute, lui dit-il, le temps est superbe, il est de bonne heure, et nous ferions bien d'aller nous promener sur les bords du canal ; cela ne nuirait pas à notre santé, et d'ailleurs des hommes doivent-ils rester toujours attachés aux cotillons des jeunes filles ? »

Cette dernière considération arrêta dans la bouche de Jean-Baptiste le refus qui allait en sortir. Il connaissait l'état du cœur de son ami, et il voulait le traiter avec ménagement.

«—Allons donc à la promenade, répondit-il, puisqu'elle peut servir à nous faire gagner de l'appétit. Mais j'y vais pourtant, Cyprien, à une seule condition : c'est que tu me laisseras te payer à déjeuner dans la plus jolie guinguette que nous rencontrerons sur la route. »

«—Volontiers, dit Cyprien; d'ailleurs tu dois être en fonds, tu travailles avec tant de courage, et ton état est si lucratif? »

Il y avait certainement de l'ironie dans le propos, et quoique bien peu marquée, Jean-Baptiste la reconnut. Il porta sur-le-champ son regard sur ceux du menuisier; et n'y trouva rien qui dût éveiller sa prudence. Cyprien, par vertu, apprenait à dissimuler. Thérèse ne vit pas avec joie s'éloigner son amant; mais dans cette classe, plus que dans les autres, les femmes savent qu'il est des instans où les hommes doivent être seuls, et où il ne convient pas de s'opposer à ce désir.

« — Bonne promenade ! leur cria-t-elle. Soyez sages et revenez promptement ! »

« — Si vous n'êtes pas rentrés à une heure raisonnable, ajouta Sophie en riant, nous vous enverrons chercher par la mère Michel ! » Les deux jeunes gens partirent. Leur conversation ne sortit pas d'abord des lieux communs ordinaires ; ils la maintinrent sur ce pied jusqu'au moment où ils furent parvenus sur les bords du canal de l'Ourcq. Là, plus libres et en grand air, Cyprien, se rapprochant de Jean-Baptiste, passa son bras dans le sien, comme pour le faire mieux écouter, et puis, le regardant avec autant de franchise que de sensibilité :

« — Mon ami, lui dit-il, j'ai besoin de te parler à cœur ouvert. Il y a long-temps que j'aurais dû le faire ; mais, comme dit le proverbe, il vaut mieux tard que jamais. »

Il y a dans nous un instinct particulier

qui nous fait deviner avec une sagacité parfaite ce qui semble obscur aux yeux de l'indifférent. Nous pouvons, grâce à lui, assigner la cause précise de la demande qu'un inconnu vient nous faire, ainsi qu'écrire à l'avance, si nous le voulons, telle conversation qu'on veut avoir avec nous. Ce sentiment subit et tout intérieur a été donné à l'homme, par la nature, comme un moyen de conservation personnelle; il lui enseigne à se tenir sur ses gardes, à se préparer à recevoir d'un air indifférent la nouvelle la plus fâcheuse, et à n'être pas surpris à l'improviste, de sorte à compromettre ses projets, ses désirs ou sa sûreté.

Jean-Baptiste, aux premiers mots que Cyprien prononça, ne douta point que le sujet dont il allait être question ne le regardât particulièrement; il fit un appel à sa prudence, et comprit qu'ici, plus encore que vis-à-vis du colonel Mongervel, il fallait se dépouiller de toute susceptibilité impérieuse, puisque certainement, avec des formes moins agréables, il existait là autant de réelle amitié. Il ne rompit pas néanmoins le silence, et attendu qu'on ne l'interrogeait point, il se tut, voulant voir venir le jeune homme, afin d'avoir plus de liberté dans la réplique.

« — Mon ami, reprit Cyprien, je t'aime plus que je n'ai jamais aimé aucun autre camarade ; je t'aime parce que je t'ai vu toujours doux, honnête, serviable, et que je t'ai cru franc d'abord ; tu ne m'as jamais excité à mal faire ; je ne te dois aucun mauvais conseil ; tu n'es ni jureur ni débauché ; tu ne cours ni les cabarets ni les filles, et sous tous les aspects je te reconnais pour homme d'honneur. Mais, Jean-Baptiste, ces qualités suffisent-elles ? Une te manque, et celle-là me fait douter des autres : tu n'es pas sincère, et tu nous caches la vérité. »

« — Peux-tu le croire ? » balbutia son camarade.

« — Je voudrais me tromper, je désire que tu me mettes dans le cas de te demander pardon, et certes ce sera avec une joie extrême que je reconnaîtrai que tu vaux mieux que moi. »

« — Que me faut-il faire pour te contenter ? »

« — Peu de chose : te faire connaître à moi, me dire ta profession véritable, le nom de ta famille, la demeure de tes parens. »

« — Pourquoi me faire répéter ce que tu sais déjà en partie ? »

« — Je crains, Jean-Baptiste, de ne le savoir ni en partie ni en tout. On a répandu le bruit dans le quartier que tu n'es pas encatalogué sur le livre où la police inscrit le nom de tes camarades ; cela m'a fait de la peine. Les ouvriers marrons, ceux qui travaillent furtivement et qui semblent craindre qu'on ne les suive dans leurs œuvres ne m'inspirent que peu de confiance. Pourquoi as-tu fait comme eux ? ce n'est pas bien. Tu n'as donc pas un livret ? »

« — Non ! » répliqua Jean-Baptiste avec une sécheresse dont il ne fut pas le maître.

« — Ceci m'explique complétement, reprit Cyprien, ce que je craignais : tu n'es pas ouvrier colleur de papier ! »

« — Moi ! »

« — Oui, toi ! qui es-tu maintenant, je l'ignore ; Dieu fasse que tu sois quelque chose de bon ! »

« —Cyprien ! Cyprien ! quelle méchante idée as-tu de ton ami ! »

« — Est-ce ma faute ? n'est-ce pas plutôt la tienne ? Ecoute, Jean-Baptiste, voilà long-temps que je t'observe : tu ne rentres jamais plus débraillé que la veille ; je ne vois sur ton pantalon de travail et sur ta veste que les taches qui s'y trouvaient la première fois que je les ai aperçues ; tes mains sont propres et blanches, point rudes ! Vois les miennes, ce sont celles d'un franc ouvrier. Tu parais avoir peu d'argent, et pourtant il ne t'en manque jamais à l'instant précis où il te devient absolument nécessaire. Par exemple, comment m'expliqueras-tu cette poignée de pièces d'or que tu jetas dans le tablier de mamzelle Thérèse, lorsqu'il fallut payer son loyer ? »

« — Elles étaient à mon maître, » murmura Jean-Baptiste d'une voix presque inintelligible.

« — Cela n'est pas vrai, » répliqua Cyprien avec une amère franchise.

« — Un démenti à moi ! » s'écria l'autre jeune homme.

« — Oui ! un démenti, parce que tu avances ce qui n'est pas ; les choses doivent être appelées par leur nom. »

« — Un démenti ! » reprit Jean-Baptiste, toujours en colère, mais avec moins de hauteur.

« — Tant pis pour toi si tu le mérites ; ne te fâches point de ta faute. Mais peux-tu me faire croire que, pendant une maladie de douze à treize jours, ton maître ait laissé tranquillement dans tes mains une somme aussi considérable ? Les bourgeois agissent autrement ; le tien, dès le premier jour, te l'aurait retirée ; et puis aurais-tu pris là-dedans ce qui t'était nécessaire avant d'avoir réglé vos comptes ensemble? Non, Jean-Baptiste, tu ne l'eusses pas fait, à moins d'être un malhonnête homme, et pour ceci tu ne l'es pas, quoique par tes menteries tu puisses déjà faire soupçonner ta probité. Cherche donc un conte mieux arrangé, mais je ne croirai jamais que ces pièces d'or appartinssent à ton bourgeois. »

« — Comme tu voudras, Cyprien. »

« — Comme je voudrai! est-ce là ta réponse: elle ne me contente pas; non, elle ne me contente pas, il me la faut bien différente. Tu es mon ami, je veux que tu le sois long-temps, car je t'aime de tout mon cœur, je te le répète, et il faut que je puisse être fier de mon ami. Sais-tu de quelle manière on flétrit dans Paris les hommes qui ne peuvent rendre compte des moyens qu'ils emploient pour se soutenir? sais-tu quels soupçons planent sur leur tête, et quels rôles infâmes on leur fait jouer? le sais-tu, Jean-Baptiste? le sais-tu? »

« — La calomnie entache souvent la meilleure conduite. »

« — Non, pas quand elle est à découvert, quand chacun peut la suivre dans toute son étendue ; mais celle des gens dans ta position ne peut être que fortement suspectée. Tu nous es inconnu, on ignore ton nom, celui de tes parens ; on ne sait où tu travailles, et pourtant l'argent ne te manque jamais ! Songe à toutes les conjectures que les indifférens, que les ennemis peuvent former à ton sujet, quand moi-même, qui te chéris tendrement, je ne puis m'empêcher d'en créer sur ton compte. »

« — Toi, Cyprien ! tu me soupçonnes ! toi, digne ami, et dont l'âme est si belle ! s'écria Jean-Baptiste avec un accent non équivoque de désespoir et de sensibilité. Il me serait affreux de perdre ton estime, à laquelle je tiens le plus après celle de mon père ! »

« — Tu la conserveras toujours, puisque tu parles ainsi, car il n'est pas possible qu'il y ait en toi quelque chose de mal : les apparences seules t'accusent ; détruis-les, et je serai heureux. »

« — Et c'est là ce que je ne puis faire ; c'est là, mon excellent ami, ce qu'en pleurant je dois te refuser ! Ne prends pas cet air triste ; veux-tu que dans une église, en face de Dieu et la main sur ma conscience, je te jure que je suis un homme d'honneur, qu'aucune souillure n'a jamais terni mon caractère, que je puis aller dans Paris le front levé, sans craindre d'autres regards que les tiens ; qu'il n'y a pas au monde une seule voix qui puisse m'accuser d'une mauvaise action ? Crois-moi, Cyprien, tous ceux qui me connaissent me rendent justice, et je la mérite, je te l'affirme crois-en ma parole... »

« — J'ai de la peine à te tourmenter ; il y a dans elle quelque chose qui porte la conviction dans mon cœur. Cependant, ami, tu ne réponds pas à ma question, tu ne m'as pas dit encore ce que tu étais et d'où te venait tant d'argent. »

« — As-tu besoin de savoir à fond ces deux choses ? ne veux-tu pas te persuader que je suis sans reproche de toutes parts ? Si je ne nomme pas mon père, si j'évite de désigner son logement, c'est que j'y suis forcé par des considérations impérieuses. »

« — Ton père aurait-il été coupable ? excuse ma rude demande ! »

« — Lui ! répliqua Jean-Baptiste ; c'est la vertu sur la terre. »

« — A-t-il été malheureux ? »

« — Il ne peut le devenir que par moi ; et c'est pour ne pas le plonger dans le désespoir qui brise mon âme que j'entoure de mystère son existence chérie. Oh ! combien je me reprocherais de lui faire verser des larmes, de lui coûter le moindre chagrin ! »

« — Bon ami ! répliqua Cyprien en se jetant au col de Jean-Baptiste, pardonne-moi celui que je t'ai causé ; j'avais besoin de dissiper mon inquiétude en m'expliquant avec toi ; je voulais voir clair sur la marche de ta vie. Tu ne m'as rien dit, il est vrai ; je n'en sais pas davantage qu'avant de t'avoir interrogé ; mais tes sentimens se sont montrés à moi de manière à me convaincre que mon Jean-Baptiste n'a rien à se reprocher. Je suis heureux plus que tu ne peux le croire. Songe quelle douleur c'eût été pour mon âme d'acquérir la triste certitude que mon ami ne méritait pas de l'être, et que la pauvre mamzelle Thérèse Mortier s'était attachée à un homme sans honneur ! »

« — Rien de tout cela n'est heureusement arrivé, répliqua Jean-Baptiste en cherchant à cacher sous une mine riante les larmes qui le suffoquaient. Sois tranquille sur cette chère Thérèse, toi qu'avec tant de raison elle nomme son frère ; j'écarterai d'elle jusqu'à la moindre peine ; je tâcherai de compléter son bonheur. Tu ne peux t'imaginer à quel point je l'adore, ce que je fais pour elle, et ce que je ferai encore dans l'avenir. Au reste, tout cela lui est dû, et puisque je l'ai privée de l'union d'un cœur qui est bien au-dessus du mien, du moins faut-il que je l'en dédommage par tout ce qui est en mon pouvoir. »

Ce discours surprit l'excellent Cyprien Aimar, qui croyait avoir caché dans les replis de son âme l'amour que la jeune fille lui inspirait. Une vive rougeur colora son visage qu'il détourna un instant; mais bientôt, reprenant cette assurance, compagne inséparable de la vertu, il regarda fixement son ami : « — Ah! tu m'as deviné? » finit-il par lui dire.

«—Oui, âme d'or, j'ai pénétré dans ton secret, et bien souvent mon amitié déplore l'existence de ta passion funeste. Que ne puis-je avoir ta grandeur et me sacrifier pour toi! »

« — Rends-la heureuse, Jean-Baptiste, et je serai content. Quand elle rit je ne pleure pas; je ne souffre que lorsqu'elle est triste. Ah! c'est pour elle seule, c'est dans son intérêt que j'avais voulu m'entendre avec toi; il n'y a dans mon sein aucune arrière-pensée, sois-en convaincu. »

« — Je le suis, Cyprien, comme de mon existence, comme de la puissance de Dieu! »

« — Eh bien, puisque ceci ne te porte pas à te méfier de moi, ne va pas dire que tu vaux moins que ton ami ; nous sommes au pair ; de bons garçons, de braves camarades, et que ce soit entre nous à tout jamais ! »

« — Oui, à la vie et à la mort ! » repartit Jean-Baptiste avec vivacité et en serrant de nouveau dans ses bras un ami comme on en trouve rarement dans le grand monde.

« — Maintenant, dit Cyprien, que le fond du sac est vidé, je trinquerai de grand cœur avec toi ; tu m'as promis à déjeuner, entrons dans la prochaine guinguette. »

Ils s'y acheminaient tous les deux, lorsqu'une voix assez forte, et dont le diapason annonçait l'habitude du commandement, appela Jean-Baptiste à deux reprises différentes. Les amis tournèrent la tête, et ils aperçurent à quelques pas un colonel, dans toute la tenue de son costume, monté sur un magnifique cheval, et accompagné d'un domestique. Ce militaire donna à son valet la bride à tenir, sauta légèrement à terre et vint droit à celui qu'il avait nommé. Son visage était grave et presque sévère ; il porta la main à son chapeau :

« Monsieur Jean - Baptiste, dit-il, on avait compté sur vous aujourd'hui. »

« — Monsieur le colonel Mongervel, répliqua le jeune homme d'un ton riant, c'est dimanche, et il faut bien que les pauvres ouvriers se reposent. »

« — Votre maître cependant vous fait chercher, et je dois vous dire, puisque je vous rencontre, que l'on a besoin de vous aujourd'hui même, et cela sans retard. Votre présence est indispensable; passez rue de la Paix, n°....., à trois heures du soir : vous ne vous attendez pas à tout l'ouvrage qu'on vous réserve ! »

Et le colonel appuya sur ces derniers mots. Jean-Baptiste répondit avec douceur qu'il ne manquerait pas d'aller où il était appelé, quoiqu'il fût contrarié de travailler un dimanche. Ceci dit, il salua le colonel, qui lui-même faisant une demi-inclination retourna vers son cheval et partit.

CHAPITRE IV.

UN DINER CHEZ UNE FILLE D'AFFAIRE.

C'est le vice qui se cache sous un masque agréable.
SAINT-EVREMONT.

« IL a fallu toute ma présence d'esprit, mon cher Vicomte, dit Mongervel en voyant entrer Adolphe de Nertal, pour vous arracher à votre excellent et digne ami... »

« — Oui, excellent et digne ; vous avez trouvé les titres qu'il mérite véritablement ; jamais il ne fut une plus belle âme, et jamais on ne prit mieux le soin de ma réputation ! »

« — En ce cas, il a dû vous engager à renoncer à votre incognito ? »

« — Il me le disait au moment où vous nous avez abordés ; il me le disait, mais à sa manière ; il me croit enveloppé d'un mystère qui compromet mon honneur et sa délicatesse. »

« — Sa délicatesse ! »

« — Telle qu'il n'en est pas de supérieure ; il souffre pour moi, parce qu'il est mon sincère ami. »

« — Vous devez alors approuver celle de ceux qui vous aiment au moins autant, quoique d'une autre manière. Moi, par exemple, je vous ai reconnu ce matin, et cela au moment précis où l'héritier unique d'une des premières maisons de France embrassait en plein air et avec enthousiasme un simple compagnon menuisier ; ma foi, je vous l'avouerai, j'en ai conçu de la jalousie, et loin de suivre ma route, je me suis avancé pour interrompre ce sublime sentiment. »

« — Ainsi vous n'aviez rien de particulier à m'apprendre, et votre seule amitié rendue susceptible... »

« — Plût à Dieu, Vicomte, que vous n'eussiez qu'à me la reprocher ! mais votre horizon se rembrunit furieusement. Vous ne tarderez pas à vous trouver dans une position difficile. Je suis venu hier faire ma cour à votre respectable aïeule; il a été question de vous. Madame la marquise prétend que votre mariage doit être conclu avant la fin de l'année. Ce que le roi a dit à votre oncle, il y a peu de temps, le commande impérieusement, dit-elle. Votre aïeule a de l'esprit, du jugement, et surtout une grande habileté à lire dans les consciences. Elle m'a fait peur tant elle m'a montré par deux ou trois phrases de sa conversation qu'elle voit presque clair dans votre affaire... »

« — Vous soupçonneriez !... »

« — Rien ; j'ai la certitude qu'elle vous croit amoureux, non pas de votre cousine, mais de la première venue ; non qu'elle descende à la vérité ; elle ne porte ses idées que sur ce qui est croyable : une femme de bonne compagnie ou une *demoiselle d'affaire*, comme disait le vieillard de Ferney.

Elle m'a demandé si vous voyez encore madame de Salvières, et cela m'a mis pour vous de méchante humeur. Elle m'a fait subir à votre sujet un interrogatoire en règle, dont je crois m'être bien tiré. Au reste, je n'ai pas été le seul soumis à son investigation, et Amédée d'Erbeuil pourra vous dire l'assaut qu'il a eu à soutenir; mais lui, fort de son innocence ou de son ignorance, comme vous l'entendrez, a eu moins de peine à sortir de ce défilé que moi. »

« — Ainsi j'aurai mon tour des persécutions de famille, dit Adolphe en se promenant avec agitation. Ils feront ce qui leur plaira ; tout ce que puis assurer, c'est que je ne me marierai pas avec ma cousine. »

« — N'avançons jamais, mon ami, que des choses faisables, et il est aussi impossible que mademoiselle de Gespart ne devienne pas votre femme, qu'il le serait de me voir prendre du service à la solde de l'Angleterre. »

« — J'ai des engagemens sacrés, Colonel!... »

« — Oui, sans doute, vous en avez, mais où les avez-vous? voilà ce qu'il convient d'examiner. Je vois qu'il ne vous convient point que nous traitions cette thèse; savez-vous ce qu'il faut faire pour achever plus gaiement la journée? allons voir la jolie fille à laquelle vous avez rendu un si grand service l'autre jour, lors de notre dernière course au bois de Boulogne. Je gage que vous n'avez pas été lui demander des nouvelles de sa santé? »

« — Non vraiment, je n'y ai pas paru! J'y ai envoyé Joseph; elle m'a expédié par lui une petite lettre... »

« — Bien écrite, je parie? »

« — Pas mal, je vous le proteste; il y avait des éclairs d'esprit, une sorte de jargon : je vous assure que c'est une personne très en état de faire son chemin... »

« — Cela ne m'étonne point, elle voit bonne compagnie... »

« — Cette créature? »

« — Elle-même ! »

« — Y songez-vous, Colonel? nous ne sommes plus dans l'ancien régime... »

« — C'est justement pour nous y ramener, que des hommes qui pensent bien cherchent à en faire renaître les usages. L'un des plus respectables sans doute était cette alliance des gens de qualité avec les demoiselles de théâtre ou d'ailleurs. Songez combien l'on était poli quand la du Thé, les Cléophyle, les Guimard, les Contat, tenaient le sceptre de la galanterie ; il y avait du profit à les fréquenter, et madame Ernestine de Saint-Marcel cherche à relever cette branche de commerce. C'est au moins, vous en conviendrez, une industrie très-productive. Vous devez à cette femme une visite ; vous l'avez sauvée d'un embarras de voitures, d'une chute affreuse, d'un coup de pied de cheval... »

« — Eh bien ! »

« — Eh bien ! elle donne à dîner aujourd'hui, et il faut que nous allions prendre place à sa table. »

« — Sans invitation ? »

« — J'ai la mienne, et je suis chargé de vous amener! Vous trouverez peut-être Amédée d'Erbeuil, le tranquille Dolmer qui veut se lancer dans les bonnes fortunes, le romantique d'Alville qui cherche des inspirations, le vieux duc d'Alindal tout occupé de se rajeunir, le marquis de Nertange, qui nous contera des mensonges dont il fait de plaisantes vérités; Duprenol, ce philanthrope si avare; que sais-je, des hommes fort aimables et des femmes qui ne le sont pas moins. »

« — Et j'irais dans une pareille maison ? »

« — Avec moi il n'y a rien à dire ; votre oncle d'ailleurs vous en saura bon gré, et votre aïeule n'en sera pas mécontente... »

« — Elle ! avec sa piété rigide ? »

« — Oui, elle-même ; elle craint pour votre cœur ; elle sera plus qu'à moitié rassurée quand elle n'aura qu'à trembler pour votre tête ; d'ailleurs je tiens à ce que vous veniez là avec moi : c'est une marque d'amitié que je vous demande. »

« — J'ai promis à Thérèse..... »

« — L'attente est un véhicule à l'amour ; remarquez d'ailleurs que je ne vous engage que pour dîner, et que votre nuit est libre ! »

« — Vous me faites faire une folie. »

« — Soit! mais convenez que pour en faire une bien plus forte vous n'avez pas besoin de moi. »

Adolphe ne répond point à ce sarcasme ; il prend son chapeau, et sort avec le colonel qui, sous une mine indifférente, cache la joie que lui fait éprouver la première victoire qu'il remporte sur l'amour de son ami. Leur course les amène d'abord aux Tuileries, où certes il n'est guère d'usage de se promener un dimanche, car quel homme ou quelle femme qui se respecte peut venir dans un lieu où l'on est coudoyé, salué par ses ouvriers, ses marchands, leurs femmes, leurs amis et connaissances? Le colonel avait certainement perdu la tête; il s'en aperçut au second tour d'allée, lorsqu'il faillit être accosté par son bottier en grande tenue, conduisant *in fiochi*, *sa dame*, *sa demoiselle* et *ses deux petits messieurs*.

.» — Adolphe, gagnons le boulevard au plus vite, lui dit-il, l'air des Tuileries est méphitique ; grand Dieu ! quelles sortes de gens on y laisse entrer ! »

Adolphe ne répondit rien ; il suivit son ami dont le propos lui était désagréable. Celui-ci tirant sa montre : « Cinq heures et demie, dit-il ; à peine s'il fait jour ; on va se moquer de nous. Mais n'importe ; ce que nous avons de mieux à faire c'est de monter chez madame de Saint-Marcel, peut-être voudra-t-elle prendre pour de l'empressement notre irruption innattendue. »

La maison de madame de Saint-Marcel était dans la rue du Houssai ; l'appartement situé entre cour et jardin avait été dessiné par un de nos grands architectes, tous en général si habiles dans les petites choses. On y entrait par un péristyle grec que formait quatre colonnes doriques, et élevé de cinq marches au-dessus du pavé de la cour; on allait ensuite dans une salle de pas perdus avec carreaux de marbre noir et blanc; on avait imité sur la muraille des agathes fond jaune et rubanées avec goût; sur le côté s'ouvrait la salle à manger, décorée d'un poêle de faïence blanche à petites rosaces, et surmonté d'une Vénus du Capitole en marbre. Quatre globes de cristal dépoli, ornés chacun d'une couronne ducale et attachés au plafond par des chaînes, le tout en bronze doré, cachaient dans leur capacité les lampes destinées à éclairer la table. Celle-ci, faite en bois de citronnier, avait été vernie avec un soin extrême, à tel point qu'elle réfléchissait les objets placés au-dessus; douze chaises d'acajou bizarrement contournées, couvertes en maroquin rouge, garnissaient la salle, ainsi qu'un buffet immense fermé par un battant de glace. Des nattes de sparterie à dessins variés couvraient le plancher, de manière à laisser voir la superbe mosaïque que l'on y avait incrustée.

Des deux portes, l'une s'ouvrait sur le vestibule, et l'autre de la salle à manger conduisait dans le salon. Celui-ci était d'une grandeur médiocre; on l'avait meublé avec une étoffe de Lyon bleue et or; les fauteuils, le canapé, les bergères, étaient pareils. La cheminée, en acier bruni chargé de bas-reliefs de bon goût, semblait bien simple, et elle coûtait un prix fou ainsi que la garniture, deux candelabres, et une pendule. Un lustre sans cristaux à douze branches de bronze doré, portait les bougies qui éclairaient le salon. De grands rideaux de mousseline brodée passés dans un thyrse d'or et accompagnés d'une draperie légère pareille au meuble, achevaient l'ornement de la pièce.

Madame de Saint-Marcel, par un coup de la fortune, était déjà sortie des mains de son coiffeur; elle n'avait plus que sa robe à mettre, ce qui ne pouvait prendre qu'une demi-heure; aussi, dès qu'elle sut qu'il lui arrivait déjà des convives, elle envoya en attendant, et pour faire les honneurs de la maison, ses deux meilleures amies, qui ce jour-là dînaient chez elle. L'une était grande et fort gracieuse dans ses manières : elle devait à la nature une démarche aisée sans dévergondage, des airs de tête remplis de noblesse, un sourire fin, une coupe de visage agréable, des yeux charmans où le feu du libertinage ne se montrait pas ; sa voix était douce, ses manières polies : enfin, sans valoir mieux que les femmes de sa classe, elle leur était en apparence supérieure de toutes façons : on la nommait Octavie, et jusqu'à son nom, il n'existait rien de commun en elle.

Sa compagne, plus petite, moins délicate et jolie, ne cherchait pas à taire ce qu'elle était dans le monde. Il y avait de la fille dans l'ensemble général de sa personne, et on retrouvait la fille dans les détails de chaque trait. Julie ne dissimulait pas que son caractère était à l'avenant, ceci d'ailleurs lui eût été difficile ; le genre la débordait de partout ; les hommes franchement libertins devaient accourir vers elle à la première vue; ceux dans la situation du jeune de Nertal ne pouvaient s'empêcher de reconnaître le mérite de la belle Octavie; aussi dès qu'elles se furent montrées aux deux amis, chacun sans s'être entendu réciproquement, entama une conversation analogue à ses goûts ou à son caractère.

Peu à peu on annonça le duc d'Allindal, le marquis de Nertange, M. Duprenol, et deux ou trois autres habitués. A la manière dont le duc se conduisait on reconnaissait l'amphitryon de la maison, le mylord Pot-au-Feu, si j'ose me servir de cette expression bien familière, à ce que l'on assure dans certain monde; ce gentilhomme avait conservé aux approches de la décrépitude, toutes les prétentions de la jeunesse; celui-là aussi croyait fermement que la galanterie française devait être cultivée dans la fréquentation des femmes perdues, et qu'on n'était pas digne de figurer noblement au petit lever si on ne mangeait pas sa fortune en mauvaise compagnie. Il possédait au suprême degré cette impertinence qui repose uniquement sur l'orgueil de la naissance et de la splendeur du rang; il était poli, excessivement poli, parce qu'il était généreux de venir au secours de la petite noblesse et de la pauvre roture; il brodait avec grâce une conversation futile, disait des riens qui avaient l'air d'être quelque chose, se repliait dans sa dignité lorsqu'il ne fallait montrer que du mérite; il évitait avec un soin extrême toute discussion, car depuis mil huit cent quatorze qu'il était rentré en France, il s'était aperçu qu'il ne pouvait convaincre ses adversaires que par de solides raisonnemens; enfin léger, superficiel, athée en lisant *la Pucelle*, dévot en présence du grand-aumônier, il n'y avait en lui ni dignité véritable, ni d'autre science que celle de l'étiquette.

Le marquis de Nertange était un de ces élégans de l'ancien régime, reste des roués de la licencieuse régence. Il avait passé sa vie dans l'œil-de-bœuf à Versailles, et depuis soit à faire la cour aux membres du comité de salut public, qui le laissèrent vivre par mépris; aux directeurs, qui lui jetèrent du pain; et à l'empereur, qui consentit à le couvrir de sa livrée de chambellan; si bien que, sans cesse de service au château, il s'était trouvé tout établi dans les Tuileries pour en ouvrir les portes au roi. Le métier de valet a toujours été bien payé; aussi, tandis que des gens d'honneur mouraient de faim peut-être, le marquis de Nertange avait refait sa fortune, et tenait un certain rang dans le monde. C'était le plus futile, le plus superficiel des hommes; sa conversation roulait dans un cercle très-rétréci; des mots heureux qu'il répétait, des souvenirs de sa jeunesse, quelques couplets de vieux noëls ou des chansons de table formaient le fond de ses interminables causeries; il était à l'affût de toutes les nouvelles scandaleuses du château et de la ville; il se remuait seul encore dans Paris pour telle actrice dont il soignait les débuts, ou se tourmentait pour telle chanteuse dont il tâchait de pallier la déconfiture ; il ne comprenait pas comment la génération actuelle demeurait indifférente à de si minces intérêts, et que nos jeunes gens étudiassent beaucoup plus le Code civil ou le Théâtre d'Agriculture de l'abbé Rosier, que les calembours du marquis de Bièvre et les romans de Crébillon le fils.

Le troisième convive, Duprenol, s'était fait philanthrope. Comme précédemment il avait établi une maison de banque, faire du bien à ses semblables lui paraissait une continuation de commerce, sous une autre raison il est vrai. Il soumettait tout à des calculs, ses aumônes étaient en raison du rapport qu'il en retirait de réputation et d'estime ; il donnait dans les occasions d'éclat, se faisait mettre en charge dans toutes les associations de bienfaisance, et avait comme les libraires un abonnement dans les journaux, pour que ceux-ci ne passassent sous silence aucune de ses bonnes actions. Les vrais pauvres parvenaient rarement à lui, à moins qu'ils ne fussent recommandés par de grandes dames, des pairs de France, ou tout au moins des députés; il était dur envers ses domestiques, sous prétexte qu'il fallait être ferme. Il aimait la table et les filles par délassement; enfin ses vertus étaient toutes en dehors, et il criait si haut sa philanthropie qu'il ne lui en restait presque plus pour l'employer dans l'exercice.

Dès que madame de Saint-Marcel eut été instruite de l'honorable compagnie qui garnissait son salon, elle se hâta d'en finir avec sa femme de chambre, qui était sa propre sœur selon le sang, et elle arriva fraîche, radieuse et jolie, car au demeurant elle l'était beaucoup. Dès que les premiers complimens eurent été épuisés elle s'approcha du duc.

«—Votre Seigneurie, dit-elle, me permettra de lui présenter mon libérateur le vicomte Adolphe de Nertal, qui, ainsi que je vous l'ai conté, m'a sauvé la vie au milieu du bois de Boulogne.»

A ce propos un cri général s'élève; chacun veut savoir de quelle manière la dame a été secourue; elle commence par essayer d'éclaircir le fait principal; mais attendu que la narration ne lui était pas facile, elle s'y perd de telle sorte que le colonel Mongervel est forcé de venir à son secours, et il fait souffrir la modestie de son ami, en rapportant qu'il a su, avec adresse et témérité peut-être, sortir madame de Saint-Marcel et son cheval d'un tourbillon de voitures, de gens et de bêtes où il pouvait y avoir quelque danger.

«—Parbleu, dit le marquis de Nerlange, ceci me rappelle une aventure du comte de Tilly avec mademoiselle..... »

— C'est plutôt, reprit le duc, le tome second de la rencontre à la chasse de mademoiselle de Clermont avec le comte de Melun. »

« — Que le philosophe est peiné, s'écria Duprenol, de ces accidens funestes et multipliés! Je ferai un rapport à ce sujet à la prochaine séance de notre société de bienfaisance mutuelle. »

« — Le sauveur d'Ernestine, dit Octavie à sa compagne, est un fort joli garçon; le prend-elle? »

« — Non, lui fut-il répondu à voix basse, elle a son coiffeur dont elle rafolle. »

« — Eh bien! je m'en accommoderai. »

« — Et moi je suis pour le colonel; il a une figure hautaine qui me plaît. »

Ce colloque terminé, Octavie, s'aidant de l'air candide de son visage, essaya d'entamer une conversation sérieuse; elle souleva sa tête avec une grâce modeste, et d'un son de voix doux, elle fit au vicomte son compliment de l'héroïsme qu'il avait montré dans cette circonstance difficile; la louange plaît toujours, surtout lorsqu'elle sort d'une bouche charmante; Adolphe d'ailleurs, qui ne venait point là pour jouer la distraction et l'attachement malheureux, répliqua avec vivacité, et d'autant plus à son aise que trois autres dames de pareil accabit vinrent grossir le cercle, et tenir tête au marquis de Nertange, à M. Duprenol et aux deux ou trois autres amateurs qui étaient là encore.

Le dîner fut servi à six heures et demie; Adolphe, au titre de héros de la journée, donna la main à la maîtresse de la maison. « — Je vous prouve ma reconnaissance, lui dit-elle, en désignant votre place auprès de ma chère Octavie : c'est une bonne fille que j'aime; elle est jolie comme un ange; mais ne vous fiez pas à sa candeur apparente; rien n'est pire que l'eau qui dort. »

Adolphe ne répondit pas, et fut s'asseoir à côté de la pudique odalisque. « — Que vous disait Ernestine ? » lui demanda celle-ci.

« — Qu'elle vous était sincèrement attachée. »

« — Je le lui rends bien; c'est une excellente amie. Si elle était franche et point intéressée je ne lui connaîtrais pas de défaut. »

Adolphe ne répliqua pas non plus dans cette circonstance; mais s'il était sage il devait se tenir pour bien averti.

Le dîner était délicat, le service élégant, les convives disposés à la joie, le duc qui se savait chez lui prit la parole, et conta à trois reprises ce que certainement le roi ne lui avait point dit. Le marquis répéta des anecdotes extraites d'un vieux sottisier, et il fallut écouter Duprenol détaillant combien de fois son nom avait paru dans les gazettes depuis le commencement de l'année, pour souscription aux inondations, incendies, secours publics, tandis que le colonel entamait un feu roulant de plaisanteries énergiques avec la grenadière Julie, et qu'Adolphe faisait presque du sentiment auprès de la digne Octavie.

Ainsi s'écoula le temps employé au dîner; une gaieté vraie ou factice, une aisance de position qui se réfléchissait dans les propos, les vapeurs des mets, la fumée des vins

4*

liquoreux, le coup de grâce donné par le Champagne, achevèrent de monter les têtes, et il n'y avait guère de bon sens à cette heure-là chez madame de Saint-Marcel.

CHAPITRE V.

LA FILLE DU SERPENT.

Elle ment ; c'est sa vie, c'est son essence.
RETIF DE LA BRETONNE.

Il vint du monde après dîner ; Dolmer était parmi les arrivans, ainsi qu'Amédée d'Erbeuil. Madame de Saint-Marcel les querella de ce qu'ils n'avaient pas répondu à son invitation ; il s'excusèrent, chacun avait des affaires importantes et par conséquent se trouvait retenu. Amédée accourut vers le vicomte de Nertal engagé dans une conversation très-suivie avec mademoiselle Octavie. Celle-ci, au milieu du tumulte de la soirée, quand on dressait les parties, et que les groupes se formaient de tous côtés, s'était écartée avec le vicomte du gros de l'assemblée, afin de continuer ce qu'elle appelait les épanchemens de son cœur.

« — Oui, Monsieur, disait-elle, je suis une créature méprisable, vous devez n'avoir pour moi aucune considération, et je ne puis ni ne dois m'en plaindre; mais si vous saviez mon histoire, si vous connaissiez avec quelle astuce on a trompé ma crédulité, vous me plaindriez peut-être.»

«—A-t-on eu le courage de se mal conduire avec vous, Mademoiselle? cela me paraît impossible.»

«—Oui, dit Amédée d'Erbeuil qui, survenant en ce moment, avait entendu le début de la fille de joie.

« Le vrai peut quelquefois n'être pas vraisemblable. »

Cette citation était certainement une impertinence; dans tous les cas elle rompait un fil qui serait peu facile à renouer. Octavie le devina, mais elle eut assez d'adresse pour éviter de s'en fâcher; elle se tourna vers Amédée :

«—Vous voilà, lui dit-elle, méchant homme, vous qui ne voulez accorder à notre sexe ni délicatesse ni sensibilité. »

«—Le reproche est injuste, repartit d'Erbeuil: de ce que je lui crois beaucoup d'esprit et de finesse, doit-on en conclure que je lui refuse tout autre sentiment? Mais, Mademoiselle, sans apporter trop d'interruption à un entretien que je respecte; me permettrez-vous de féliciter le vicomte de Nertal sur son retour parmi nous. Dieu soit loué! Adolphe, désormais je ne veux plus faire de folies sans toi: ta raison précoce avait presque rompu notre amitié; je ne me trouve à mon aise qu'avec des extravagans, et puisque je te rencontre ici......»

«—Je vous remercie pour madame de Saint-Marcel, dit Octavie en prenant la parole, et pour la société: à vous entendre le bon sens serait banni de parmi nous. »

«—Et vous, répliqua Amédée, seriez

bien fâchée si une seule étincelle éclairait ceux qui sont dans ce salon : c'est sur la déraison que la beauté établit son empire ; ne porte-t-elle point pour sceptre la marotte de la folie ? »

« — Il en est quelque chose, reprit Octavie ; mais néanmoins il est des instans où l'âme, oppressée de trop d'agitation, demande à rentrer dans elle-même, et alors la réflexion.... »

« — La réflexion ! dit le même interlocuteur ; eh ! Mademoiselle, contez-moi où vous en faites l'emplette : est-elle renfermée dans des bouteilles comme la raison l'était dans la lune, lorsque le paladin Astolphe monta pour l'y chercher ? Dans ce cas enseignez-moi le magasin où on la débite ; vous m'y verrez courir sans faute, plutôt ce soir que demain. »

« — Je crois en effet, ajouta Adolphe, que ce serait singulièrement nécessaire, toi le plus léger et le plus fou des hommes, et j'assure qu'après toi j'aurais grande peine à m'en procurer. »

« — Et néanmoins, Adolphe, elle ne te serait pas moins nécessaire ; ta cravate de fantaisie......»

« — Malicieux persifleur, te tairas-tu...»

« — Oui, par bonté d'âme, par générosité : car, si je contais à mademoiselle....»

« — Quelque aventure amoureuse, quelque trait de sensibilité, dit Octavie. Eh ! Monsieur, croyez-vous que le vicomte de Nertal doive en rougir ? voilà comme vous êtes tous : vous ne pouvez imaginer un amour dégagé des sens. »

« — Mademoiselle, répliqua le jeune d'Erbeuil, nous sommes dans une maison où cette thèse ne peut être soutenue ; le cœur, vous en conviendrez, forme une partie des sens.... Oh ! c'est que nous sommes matérialistes à l'excès ! »

Il allait continuer sur le même ton, lorsque madame Saint-Marcel, qui avait l'œil sur tout le groupe de sa société, crut devoir, en bonne amie, former une diversion au profit de sa camarade. Elle appela M. d'Erbeuil, et, en lui disant des riens, elle sut l'occuper assez de temps pour le distraire et l'empêcher de revenir là où sa présence contrariait Octavie. »

« —C'est un véritable étourdi, » dit celle-ci en s'adressant à Nertal.

« —Et un ami excellent, répliqua celui-là. Je lui suis attaché de toute mon âme. »

« — Eh! qui pourrait vous blâmer, Vicomte, de cet honorable sentiment? l'amitié me semble préférable à l'amour son frère. Quand on est jeune, quand on est presque jolie, les amans ne manquent jamais; mais les amis, les amis sincères sont rares: les hommes en trouvent parfois, tandis que nous autres pauvres femmes nous devons en être privées sans espoir d'en avoir un. »

« — En effet, répliqua le vicomte avec galanterie, le moyen de n'être que l'ami d'une personne séduisante ; elle inspire trop de désirs pour demeurer impassible auprès d'un trésor dont on voit tous les jours disputer la possession. »

« — Cela vous plaît à dire, Monsieur; c'est un bien qui ne contente pas long-temps. L'inconstance est votre nature, et vous êtes si empressés de nous abandonner lorsque votre passion est satisfaite. »

« — Le croyez-vous? »

« — J'en ai la certitude, et, telle que vous me voyez dans cette classe de femmes perdues, je suis encore à regretter qu'un amant infidèle m'ait arraché à mon obscurité pour me jeter par force sur le théâtre du vice. Mon histoire est celle du plus grand nombre des femmes de ma sorte. Dans le principe nous étions destinées à être honnêtes; mais la misère et la séduction.... »

Octavie s'arrêta à ces paroles; elle porta sur le vicomte un regard mélancolique, tandis qu'un soupir à demi étouffé échappa de sa jolie bouche. Adolphe, le cœur rempli d'une passion véritable, était d'autant moins en garde contre les piéges qu'on pouvait lui tendre; la sécurité de la force est souvent plus nuisible que les appréhensions perpétuelles de la faiblesse. Sa curiosité d'ailleurs fut éveillée, il prit la main d'Octavie.

« — Est-il bien vrai, Mademoiselle, que l'on vous trompa ? »

« — Oui et non, devrai-je dire, s'il faut parler ici avec une entière franchise ; oui, je fus trompée d'abord, mais ensuite je voulus être grande et généreuse, et je me perdis par excès de délicatesse. L'histoire de ma vie a beaucoup de rapport avec un roman ; vous plairait-il de l'entendre ? »

« — S'il me plaît ? Mais, Mademoiselle, c'est une faveur que je vous demande. »

« — Nous sommes dans un lieu bien peu convenable à une pareille confidence, » dit Octavie en promenant ses yeux sur l'assemblée.

« — Nul ne songe à nous, reprit le vicomte, et me voici tout prêt à vous écouter. »

« — Vous rirez de ma bonhomie, vous me persiflerez cruellement lorsque vous saurez ce que j'ai fait contre mon intérêt et mon cœur. »

« — Je doute que j'aie cette cruauté ; mais hâtez-vous de parler. Cet étourdi de d'Erbeuil peut quitter madame de Saint-Marcel. »

Octavie en personne docile, et accoutumée depuis long-temps à faire la volonté des autres, commença son récit.

« — Je suis la fille d'un pauvre avocat de province. Nous habitions ma mère et moi une petite ville assez proche de Paris, et là nous vivions avec peine, car mon père en mourant ne nous avait laissé qu'une bien mince fortune. Une économie dont à Paris peut-être on n'a pas l'idée, un travail excessif, une retraite continuelle pouvaient seuls nous soutenir convenablement. Je ne sortais que pour aller à l'église remplir des devoirs religieux, et, une ou deux fois par mois, nous faisions quelques visites à des parens ou à des amis. La promenade m'était interdite au moins avec les jeunes fille de mon âge, et je grandissais dans une retraite profonde sans qu'aucun mari se présentât. Notre misère était connue, nos égaux ne m'auraient pas voulu pour femme, et nous avions trop de vanité pour me chercher un mari parmi les artisans.

» J'atteignais ma dix-huitième année lorsqu'un jeune homme parut chez nous; c'était l'héritier d'une famille noble et riche du pays. Il venait nous trouver pour réclamer des papiers qui lui étaient utiles, et que peut-être on retrouverait dans ceux de mon père, chargé avant sa mort de poursuivre une affaire dont le gain avait singulièrement enrichi les ascendans du baron d'Olville. Celui-ci, grâce à ce prétexte, fut introduit dans notre intérieur. Je le vis avec plaisir; je ne tardai pas à l'aimer, car il fit tout ce qui dépendit de lui pour allumer dans mon sein une flamme qui devait m'être bien funeste.

» Ma mère mourut sur ces entrefaites; le baron d'Olville essaya de me consoler, il n'y parvint que trop : je ne tardai pas à être perdue de réputation dans ma ville natale. On m'accabla de mauvais procédés; mon amant, blessé dans moi, me conduisit à Paris par une sorte de surprise. Son amour, loin de diminuer, augmentait; il l'attachait à moi chaque jour davantage; mais il manquait quelque chose à son bonheur et à ses espérances. Je ne devenais point mère, et, pour décider sa famille à consentir à notre mariage, il attendait de pouvoir lui présenter le fruit de notre attachement mutuel.

» Un jour une dame âgée se présente chez moi ; elle se fait connaître pour la mère du baron d'Olville, elle me conjure de lui rendre son fils, de ne point l'amener à une union qui n'aurait lieu qu'en la rendant malheureuse; elle parle à mon honnêteté, elle rallume ma vertu. Je me dis à moi-même que je fermerais au baron la route des honneurs, que je lui procurerais une foule de désagrémens en l'obligeant à m'épouser. Enfin je crus faire un acte héroïque : je m'immolai à la gloire de mon amant, et je me séparai de lui de manière à ce qu'il ne retrouvât plus ma trace.

» Après une telle action il fallut continuer de marcher dans la même voie. Mais je ne sortis pas de Paris, je formai des liaisons qui m'entraînèrent, et insensiblement je me dégradai. Néanmoins, à l'heure où je me vois le plus avilie, il me suffit de jeter les yeux sur ma conduite première pour en tirer quelque orgueil et pour me remettre bien avec moi. »

Octavie termina ici son histoire; elle aurait pu ajouter que la famille du baron d'Olville avait payé à haut prix son désistement; qu'une forte somme promise et reçue était devenue la récompense de sa délicatesse; mais elle passa sous silence cette partie de son récit tant elle n'avait de mémoire que pour ce qui pouvait la flatter. Elle avait achevé de parler, comme je viens de le dire plus haut, et Adolphe de Nertal ne songeait pas à lui répondre : il était tombé dans une suite de réflexions à laquelle il s'abandonna quelque temps encore. La fille de joie n'en parut ni fâchée ni surprise; elle chercha seulement les yeux du colonel Mongervel, qui, pendant ce temps et quoique éloigné, semblait prendre un vif intérêt à la conversation du vicomte avec Octavie ; et le contentement le moins équivoque éclata sur sa physionomie, lorsqu'un signe qui lui fut fait lui donna la preuve que le coup porté avec art s'était enfoncé dans le cœur de son ami. Adolphe enfin sortant de sa rêverie :

« —Mademoiselle, dit-il, je vous admire ; mais si vous avez aimé votre amant jusqu'à vous immoler pour lui, il s'est montré, je ne balance pas à l'affirmer, indigne de ce grand sacrifice. Devait-il l'accepter ? non sans doute, et à sa place.... »

« — Songez-y, Monsieur le vicomte, examinez de quel œil est vue dans le monde la jeune fille sans parens, sans rang, sans fortune, lorsqu'elle y paraît portant un beau nom qu'elle doit à la faiblesse de son amoureux. Elle est repoussée par une noble famille, et elle devient le point de mire de tous les libertins qui ne la respectent pas, et qui se flattent de profiter de son inexpérience. Les mariages mal assortis ne réussissent jamais. »

Une pâleur effrayante couvrit le visage d'Adolphe, et dès qu'Octavie l'eut aperçue elle se mit à rire en véritable folle.

« — Oh! la plaisante conversation, s'écria-t-elle, que je tiens ici! Est-ce moi, moi franche étourdie, qui dois parler le langage de la raison à un homme du monde qui se moque certainement de ma sottise? »

Elle se leva après s'être exprimée ainsi; son rôle était joué, sa soirée payée : elle n'avait plus qu'à chercher le plaisir. Le colonel Mongervel prenant Dolmer avec lui, vint au vicomte qui demeurait assis sur son fauteuil, toujours immobile et préoccupé.

« — Adolphe, lui dit-il, rien de grave ne doit avoir lieu dans la maison où nous sommes; votre physionomie est sérieuse à nous faire peur. Savez-vous ce que Dolmer nous propose? d'aller prendre des glaces chez lui. Voulez-vous être des nôtres? »

«—Volontiers,» balbutia le jeune homme sans trop savoir ce qu'il disait.

« — Eh bien ! allez prendre Octavie pour votre partenaire, comme je vais m'emparer de Julie; Dolmer a fait aussi son choix, et puis nous nous esquiverons sans mot dire. »

« —Moi ! prendre une fille ? »

« — Etes-vous un enfant? Vous enferme-t-on tête à tête avec elle? Craignez-vous tant pour la faiblesse de son cœur, que vous n'osiez regarder face à face une apparence de danger? »

« — Mais on m'attend. ».

« — Vous venez de vous engager avec moi; me ferez-vous l'affront de manquer à votre parole ? Adolphe, je ne vous demande que le sacrifice de cette soirée : c'est exiger bien peu de vous. »

CHAPITRE VI.

LA MARRAINE.

« Un cœur simple a de la peine à découvrir qu'on le trompa.»
Anonyme.

THÉRÈSE, avec une vive anxiété, attendait Jean-Baptiste qui ne revenait pas. Vainement Sophie et Cyprien voulurent la conduire à la promenade ce même dimanche, ils ne purent la décider à sortir. Ce n'est point que son inquiétude eût aucun fondement, elle savait que le jeune homme était demandé parce que son travail devenait nécessaire ; mais cela ne la contentait pas. Ce dimanche était le premier qu'elle passait sans lui, et la journée du délassement jusqu'alors si douce pour elle, se changeait en un jour de tristesse et d'ennui. La soirée s'écoula sans que Jean-Baptiste parût, on ne le revit que le lendemain, vers les dix heures. Il arriva pâle, fatigué en apparence, mais en réalité peut-être dévoré par les remords.

Vainement Thérèse lui demanda l'emploi des heures passées loin d'elle, il éluda de lui en rendre compte. Un air soucieux remplaçait sa franche gaieté habituelle; on aurait pu découvrir avec plus d'expérience qu'il n'était pas d'accord avec lui-même. Thérèse, sans voir ce que j'exprime ici, reconnut que son amant n'était pas dans son état ordinaire. Elle commença une série nouvelle de questions auxquelles il ne répondit que d'une manière détournée; mais il répara ces dehors mystérieux par mille caresses, par des sermens d'un amour éternel; et tantôt il pressait son amie sur un cœur agité, tantôt il la repoussait, comme s'il n'était pas digne de posséder cette créature si bonne, si douce, si parfaite.

Au lieu de partir peu de temps après, selon son usage, lorsqu'il venait dans la journée, il resta là jusqu'à cinq heures du soir. — «Ne travailles-tu pas aujourd'hui, Jean-Baptiste?» demanda Thérèse.

« — Non, mon ange, je fais le lundi : j'ai trop souffert hier loin de toi, pour que que je ne me refasse pas maintenant de mes mauvaises heures passées. »

« — Cher ami, j'aime de te voir; mais crois-moi, ne prends pas de méchantes habitudes. Songe que le moment approche où nous aurons besoin de tous nos moyens.» Et en disant ceci, et tandis qu'elle rougissait, elle posa ses deux mains sur sa taille qui commençait à s'arrondir, de manière à annoncer peut-être une délivrance prochaine.

Jean-Baptiste demeura un instant à réfléchir; puis reprenant la jeune fille sur ses genoux : « — Thérèse, lui dit-il, nous sommes moins à plaindre que tu peux le croire. J'ai hier saisi un bon quart d'heure, et je l'ai employé à parler à ma marraine de mon amour pour toi et de ta position malheureuse. Cette excellente femme, tout en gémissant de ce qu'elle appelle notre faute, m'a donné ces cent quarante francs pour que les choses se passent convenablement ; les voilà, ma petite : est-ce qu'il y en aurait assez ? »

« — Assez ! Jean-Baptiste; mais deux fois, mais trois fois plus. Cent quarante francs !... ah ! c'est une somme énorme ! Elle est donc bien riche, ta marraine ? »

« — Elle est établie à la tête d'une bonne maison. »

« — Et la chère femme n'a pas envie de me connaître ? »

« — Elle ne veut te voir, m'a-t-elle dit, que lorsque mon père aura consenti à notre mariage ; mais elle entend se charger de l'enfant ; il lui appartiendra dès qu'il sera venu au monde. »

« — On me séparerait de lui! Jamais! Jean-Baptiste ; jamais ta pauvre Thérèse ne pourrait y consentir !»

« — Folle que tu es, qui te parle de te

séparer de ta plus chère jouissance? Ma marraine ne se montrera pas seulement; ce sera toi qui choisiras la nourrice; elle paiera : voilà tout. »

« — A la bonne heure, pourvu qu'elle puisse avoir de l'argent à chaque terme; car, vois-tu, cela coûtera cher. »

« — Va, va, elle a une bourse bien garnie. »

« — En ce cas, dit Thérèse en souriant, me voici sans plus aucun souci. Mais où avais-tu la tête pour oublier de me dire une chose qui me fait tant de plaisir dès que tu es entré dans ma chambre? Ce cher enfant du moins il ne souffrira pas; il sera peut-être plus heureux que sa mère! »

« — Sa mère doit avoir sa part de bonheur. Je puis être distrait, étourdi; je puis faire des fautes; mais, ma Thérèse, je suis un homme d'honneur, et je ne t'abandonnerai jamais! »

« — Je n'en doute point, Jean-Baptiste; et néanmoins cela me fait plaisir que te l'entendre dire. »

Cette conversation ne prit fin qu'à l'heure où le jeune homme partit. Thérèse, restée seule, s'amusa plusieurs fois à compter son trésor. Sophie Loblin la surprit dans cette occupation. Elle parut confondue à l'aspect d'une somme aussi prodigieuse, et non moins étonnée quand elle apprit d'où elle provenait.

« — Ma fille, dit-elle à Thérèse avec une effusion de cœur qu'elle ne maîtrisa pas, sois certaine que la famille de ton ami a pignon sur rue ; ce sont de bons bourgeois qui sont très à leur aise. »

« — Dieu veuille que cela ne soit pas ! reprit Thérèse ; il vaut mieux qu'il vienne de parens pauvres, notre mariage sera plus certain. »

« — Et sa marraine lui a donné cent quarante francs tout d'une fois. »

« — Et elle paiera les mois de nourrice, et elle entretiendra l'enfant. »

« — C'est ce qui s'appelle, ma chère amie, être heureuse dans ton malheur. »

Cyprien, survenant à son tour, reçut sa

part de la confidence. « — Rien ne m'étonnera maintenant, dit-il, de ce qui touchera Jean-Baptiste, depuis que j'ai vu un colonel lui parler presque avec amitié. On ne viendra plus nous dire que personne ne le connaît, qu'on ne sait pas d'où il sort ; il peut nommer ses pratiques. Un colonel ! Mesdemoiselles, cela doit commander de fameux ouvrages ! »

Cyprien avait été frappé, à sa manière, de la rencontre de la veille entre son camarade et Montgervel ; elle lui avait donné la preuve éclatante que Jean-Baptiste ne le trompait pas, puisqu'il s'était vu accosté publiquement par une de ses pratiques, qui même avait réclamé son aide presque tout de suite. L'honnête garçon s'arrêtait aux apparences sans songer à creuser plus avant. Le reste de la soirée fut employé à parler de Jean-Baptiste, de l'enfant à venir, à qui on trouva un parrain dans Cyprien Aimar, et une marraine dans Sophie Loblin.

Quelques mots prononcés dans le commérage amical rappelèrent à Thérèse Mortier qu'elle devait aller chercher de l'ouvrage à l'adresse que madame Robillot lui avait donnée; elle se promit, dès le lendemain, de faire cette course nécessaire et dont elle attendait les plus heureux résultats. Ce moment arrivé, elle soigna sa simple toilette, et partit avec sa légèreté accoutumée, à laquelle semblait donner une nouvelle grâce le fardeau qu'elle portait. On la prenait pour une jeune épouse dans la première année de son mariage, et chacun, en la regardant avec plaisir, trouvait très-heureux le mari de cette jolie créature. Le temps était beau, les rues presque propres, suivant l'usage de Paris.

Elle arriva rue du Mail vers onze heures du matin; elle demanda M. Dupré à la portière, qu'elle surprit essayant de lire, dans une lettre que le facteur venait de lui remettre, quelques mots qui pussent contenter sa curiosité. L'officier municipal du logis fut frappé comme d'un coup de foudre à l'approche d'un témoin qu'il n'avait pas entendu venir, et à travers son embarras, quoiqu'il eût reconnu que c'était une étrangère, il se fit répéter deux fois le nom de M. Dupré.

« — L'escalier à gauche, dit-il enfin avec volubilité et de mauvaise humeur; au troisième, la porte en face. »

Et il rentra dans la loge pour se remettre plus à son aise dans ses fonctions, copiées sur celles du cabinet noir, dont l'honorable monsieur de Vaulchier n'a jamais eu connaissance, à ce qu'il nous a dit cent fois. Thérèse monta donc jusqu'au lieu indiqué; elle sonna, un jockei vint ouvrir.

« — Que demande Madame? »

« — Monsieur Dupré. »

« — Il va revenir; que Madame prenne la peine de l'attendre cinq minutes, et qu'elle s'asseie un instant. »

« — Vous êtes bien honnête, Monsieur, » dit Thérèse en faisant une belle révérence.

« — C'est que Madame est si jolie! » répliqua le jeune drôle en tirant son chapeau, en même temps qu'il partit par un couloir voisin.

Thérèse savait que le pauvre doit attendre chez le riche ; elle prit patience, se plaça presque au bord d'un divan, croisa ses mains et attendit. Pendant qu'elle était là, une conversation continuait dans une chambre voisine entre deux personnages, et comme ils parlaient haut, Thérèse, malgré elle, entendit tout ce qu'ils se disaient réciproquement.

« — Mais, colonel, c'est une chose incroyable. »

« — C'est cependant vrai, au pied de la lettre ; et je n'avance pas un mot que je ne puisse le prouver. »

« — Le vicomte est donc fou à lier ? »

« — Fou à triple couture ; c'est un Céladon, un Amadis bourgeois; tout ce qu'il y a de plus extravagant, de plus ridicule en ce qui le concerne, et de désespérant pour sa noble famille. »

« — Je ne vois pas les choses en noir

comme vous. C'est une fantaisie, une pastorale dont il se dégoûtera au bout de quinze jours. »

« — Il y a plus de quinze mois qu'elle dure. Je tiens ceci de lui-même. »

« — J'en tombe de mon haut ; mais, mon cher, quelle peine il doit prendre, quelle fatigue il se donne ! c'est une activité effrayante ; j'en suis moi tout harassé, rien seulement qu'à entendre raconter les agitations de cette vie singulière. Et vous craignez qu'il ne s'en lasse pas. »

« — Tout me le fait craindre, il a beaucoup de faiblesse dans le caractère ; il n'est point ambitieux, la solitude le charme ; et il est capable de jouer à sa famille et à ses amis un mauvais tour. »

« — Il faut l'empêcher de faire cette sottise. Aimer sérieusement une fille de rien, une couturière ! Une princesse, à la bonne heure, on se grandit par cette passion ; mais tomber dans la boue !... Ah ! je ne le croirai que lorsqu'il me l'aura dit lui-même. »

« — Vous êtes attaché à sa maison ?

« — Certainement. Il y a dans les salons de la marquise les meilleurs fauteuils de tout Paris. »

« — Eh bien! il faut m'aider à changer les idées de ce jeune homme; déjà dimanche nous avons fait merveille. »

« — Ah! colonel, je me reproche ce guet-apens : enivrer notre ami, lui donner par force une fille de joie. Dupré affirme que ses remords étaient la plus plaisante chose du monde, quand il a vu où il était, et avec qui il avait couché. »

« — Il se reprochera long-temps cette infidélité faite à sa belle grisette; mais Octavie nous a rendu un bien autre service, elle a accommodé avec tant d'art sa propre histoire, qu'elle a troublé complètement les illusions de notre ami. Travaillez de votre côté, votre rôle n'est pas difficile; il consiste à ramasser les nouvelles de tous les mauvais mariages que l'amour fait faire; et à venir les raconter chez la marquise, à table ou dans le salon, en présence du vicomte de Nertal. »

« — Oui, cela peut se faire quand on est bien à son aise dans des pièces bien closes. Il est facile de causer; car je vous en préviens, n'attendez pas de moi ni action violente, ni rien de ce qui m'arracherait à mon repos perpétuel et à l'uniformité de mes habitudes. »

« — Vous êtes d'une paresse!... »

« — Et vous d'une pétulance! à quoi vous sert-elle? arrivez-vous plus vite?.. »

M. Dupré entra dans ce moment, et Thérèse à sa vue se leva en toute hâte, fâchée qu'elle était de ne pas entendre la la suite d'une conversation qui l'intéressait extrêmement. M. Dupré, quoique insolent, et peut-être à cause de cela, car il était valet de chambre, se montra avec un air très gracieux devant la jolie ouvrière, et lui demanda ce qu'il pouvait pour son service.

« Monsieur, lui dit Thérèse en baissant

ses beaux yeux ; je suis la jeune f.... la jeune personne qui ait fait vos chemises, et madame Robillot m'a dit que vous vouliez me parler. »

«— Ah! fort bien, ma belle enfant; vous êtes cette couturière à la main si habile ; nous vous attendions avec impatience; mais ce n'est pas à moi précisément que vous aurez à faire : suivez-moi. »

Il passe devant elle, ouvre en entier la porte de la chambre où l'on causait. « — Monsieur, dit-il, voici la protégée de madame Robillot. »

« — Ah! cette merveille dont elle m'a fait une esquisse si jolie. Morbleu ! le sot talent du peintre! il est bien loin de l'original. Madame, poursuivit Dolmer, je suis charmé de faire votre connaissance ; vous travaillez comme une fée, et je suis à chercher s'il n'y a pas une baguette magique dans vos jolis petits doigts. »

« — Vous allez être occupé, Dolmer. Au revoir, dit le colonel en riant. Il partit ensuite ; mais un coup d'œil lui avait suffi pour graver dans sa mémoire le signalement de la jeune fille, de manière à se la rappeler long-temps. La chose lui fut d'autant plus facile que les traits de Thérèse ne lui semblaient pas inconnus, et il demeura convaincu qu'il ne les voyait pas ce jour-là pour la première fois. Thérèse de son côté, dans un moment où elle était fort émue, crut aussi reconnaître cet étranger, le son de sa voix même la frappa; mais elle eut beau chercher en quel lieu elle s'était rencontrée avec lui, ce fut ce qu'elle ne retrouva plus dans ses souvenirs. En même temps cet individu lui inspira un sentiment de répulsion; c'était lui qui voulait séparer deux jeunes cœurs, et, dans la pensée de Thérèse, un tel homme ne pouvait être que méchant. Elle le vit donc s'éloigner sans peine, quoi qu'elle ne fût pas trop à son aise dans une maison où tout lui déplaisait, tant ce qu'elle voyait que ce qu'elle avait pu entendre.

CHAPITRE VIII.

LE RETOUR DE L'AMANT.

« Le bonheur n'est pas toujours dans le plaisir. »
Anonyme.

Dès que le jeune homme eut paru, la femme Robillot s'empressa de battre en retraite; son esprit tentateur ne pouvait plus se flatter d'avoir de l'influence là où l'amour revenait avec tous ses transports et son impétuosité ; d'ailleurs, bien que Thérèse Mortier fût évanouie, il n'y avait là aucun danger: la joie l'avait saisie, le bonheur ne tarderait pas à la ranimer. En effet, et presque avec la même rapidité qu'elle venait de perdre connaissance, elle la reprit à la douce chaleur des baisers ardens de Jean-Baptiste; ses yeux s'ouvrirent, brillèrent d'un nouvel éclat, et ses bras enlacèrent celui qu'elle croyait ne plus voir, comme pour lui dire : Maintenant que je t'ai retrouvé je ne veux plus m'exposer à te perdre! Que de mots entrecoupés furent échangés dans le premier instant! que de questions on adressa dont on n'écouta pas la réponse! On se revoyait, on s'aimait toujours : c'était là l'essentiel, le reste n'était que secondaire. Cependant lorsque cette première soif de la passion fut apaisée, lorsque les deux amans purent sortir de leur délire réciproque, leurs regards découvrirent bientôt quel ravage avait fait l'absence sur l'un et sur l'autre.

Jean-Baptiste était fort amaigri, ses traits fatigués décelaient combien avait dû être vive sa souffrance physique et morale; il était faible, pâle, lui aussi, et ses membres tremblaient encore; il eut besoin de s'asseoir, et prenant place sur un reste de fauteuil de velours jaune, il attira sur ses genoux Thérèse Mortier.

« — Oh! chère amie, lui dit-il, que tu as été à plaindre! oh! combien de larmes amères ont coulé sur cette charmante figure! Et maintenant encore...»

« — Ah! laisse-les se répandre, Jean-Baptiste; leur douceur me dédommage de l'amertume de celles qui les ont précédées. Vois combien je suis laide; hélas! ma fraîcheur, ma santé, ma joie, tout était parti avec toi. Mais sois tranquille, tout reviendra puisque tu m'es revenu. Mais toi, je ne suis plus à deviner la cause de ta fatale absence; ta maigreur, ton abattement, ce teint jaune, ces joues creuses me disent assez que tu as souffert encore plus que moi. »

«— Je ne te peindrai pas tout ce qui, pendant ces douze jours, a torturé mon corps et mon âme; chaque fois que la violence de la fièvre diminuée me rendait à la connaissance de ma position, je n'avais ni la force ni la possibilité de t'écrire : mes sens étaient complétement affaiblis. Hier encore j'avais le délire, mais la nuit a été bonne, et ce matin, ne pouvant commander à mon impatience, je me suis échappé aux soins de ceux qui m'environnaient, et me voici avançant à grands pas vers ma guérison complète, puisque j'ai pu te voir et te presser dans mes bras. »

«—Fou que tu es, fallait-il, pour me rassurer, exposer ta santé chancelante ! » et en parlant ainsi, Thérèse par un aimable sourire et par un baiser brûlant annonçait à Jean-Baptiste combien elle était heureuse de son peu de raison. «—Mais, poursuivit-elle, où donc as-tu été malade ? est-ce à Paris ou dans quelque campagne des environs ? »

« — Je revenais le soir du dernier jour où je t'avais vue d'achever un travail hors la barrière de Clichy, j'entrai chez un de mes parens que je n'avais point visité depuis long-temps. Il voulut me retenir à souper; je ne sais si le vin m'incommoda d'abord, ou si le mal préparé depuis long-temps choisit cette heure pour éclater ; tant il y a qu'il ne tarda pas à me saisir avec une telle violence que le délire s'empara de ma tête dès le premier moment; en vain j'essayai de te rassurer sur mon compte, je retombai dans ce fâcheux état, et depuis je n'en suis sorti que dans la journée d'hier. On dit que ma convalescence sera longue ; j'en doute, car il me semble que tes baisers m'ont déjà guéri. »

Le remède était trop doux même à Thérèse pour qu'elle n'en continuât pas le traitement ; un long silence suivit ces dernières paroles : il fut tout donné à l'amour. Jean-Baptiste demanda ensuite sérieusement compte à la jeune fille de l'emploi de son temps; il voulut tout apprendre, envieux même de connaître l'analyse prolongée des sensations douloureuses de la bonne Thérèse. Avec quel feu celle-ci les lui raconta ! comme elle peignit ses premières inquiétudes, ses angoisses toujours croissantes, ses courses sans but, ses pleurs sans terme, et ce vertige amoureux qui l'avait également égarée! Elle lui dénombra les heures, les minutes de son attente insupportable; elle n'oublia rien : elle avait besoin de décharger son cœur du poids affreux qui l'oppressait encore.

Avec quelle vivacité surtout parla-t-elle des témoignages de l'amitié sans pareille que Sophie Loblin et Cyprien Aimar lui avaient prodigués! la première ne l'avait presque jamais quittée; le second à ses heures de liberté, loin de les employer à se distraire, s'était empressé de courir partout où il pouvait espérer de rencontrer celui qui était absent, l'objet de ses tendres sollicitudes.

« — Quel ami nous avons là, Jean-Baptiste! quel cœur de roi, et que tu serais à plaindre si tu ne le récompensais pas d'une égale amitié! Il a fait pour nous plus qu'il ne pouvait faire, et ce matin même, poursuivit Thérèse avec une sorte d'embarras, voyant que j'étais bien tourmentée à raison du paiement de ton terme, il m'a laissé d'abord les 6 francs que voilà sur la cheminée, il devait demain me remettre la moitié de sa semaine, et le pauvre garçon, pour achever de compléter la somme, ne balançait pas à se défaire de sa montre. »

Ces détails produisirent une impression singulière sur celui qui les écoutait : une rougeur rapide colora son pâle visage, et une sorte de dépit éclata dans ses yeux ; mais bientôt prenant la parole : « — Oui, Cyprien, dit-il, vaut mieux que moi ; c'est un ami rare, et ce ne sera pas ma faute si je ne lui prouve combien je sais aussi aimer. Cependant, ma Thérèse, il ne faut pas qu'il s'épuise pour moi ; remercie-le de sa bonne volonté, et voilà de quoi contenter notre propriétaire. »

A ces mots Jean-Baptiste mit la main dans la poche de son gilet, et en sortit plusieurs pièces d'or qu'il jeta sur le tablier de Thérèse. La jeune fille, à la vue d'une somme qui dépassait toutes celles dont elle se formait l'idée, témoigna son étonnement par une exclamation involontaire.

« — Jean-Baptiste, dit-elle ensuite, et d'où

te vient ce trésor? Est-ce à toi, mon ami? Oh! non, cela n'est pas possible ; tu n'es pas aussi riche, ou nous serions bien malheureux ! »

« — Tu ne veux donc pas croire à mon aisance ? répliqua le jeune homme non sans une nouvelle cause d'embarras. Eh bien, tu as raison : tout cet or n'est pas à moi, c'est mon maître qui en est le propriétaire, et je suis chargé de le lui rendre. Cependant, comme je reste son créancier pour du travail fait à son compte, je puis, sans manquer à ma délicatesse, prendre là-dessus ce qui me devient nécessaire. Retiens donc 40 francs, le reste sera pour toi si tu n'as pas aussi ton terme complet. »

«—Grâce à Dieu, mon ami, il est dans le tiroir sans qu'il y manque un centime. Ce n'a pas été sans peine que je suis parvenue à l'amasser ; mais enfin je le possède. Quant à ton argent, je ne sais point si je ferai bien de le prendre, car encore il ne t'appartient pas. »

«—Si, si, il est à moi, je te le jure ; mon

maître sait que je fais comme cela lorsque j'ai besoin d'être payé. Ce n'est pas la première fois que je mets avant lui la main dans la bourse. »

«—C'est une vilaine habitude, ne t'y laisse pas aller. Que deviendrais-tu, Jean-Baptiste, si, pressé un jour par ta pauvreté, tu n'attendais pas l'époque où ton maître serait ton débiteur? Je frémis en songeant à ce qui pourrait t'arriver. Contente-toi de ce qui te revient, et ne vas pas en avant : cela porte toujours malheur. »

Il y avait tant de vertu dans cette simple remontrance, que le jeune homme l'écouta avec une respectueuse admiration. Il se disait en lui-même que la pauvre Thérèse lui était bien supérieure ; et, honteux de son infériorité, il baissa la tête et resta un instant sans répondre. Puis cependant, et tandis qu'il reprenait la totalité des pièces d'or :

« — Eh bien, dit-il, puisque tu ne veux pas toucher à ceci, je vais en descendant payer moi-même la portière. Elle ne se plaindra pas de mon inexactitude, puisque mon terme n'échoit qu'après-demain. »

«—Que parles-tu de descendre? demanda Thérèse à son amant. Faible comme tu es, veux-tu courir encore? Non, non, Monsieur, maintenant que je vous tiens je ne vous laisserai plus échapper. Vous allez gagner votre chambre et vous coucher. Je vous soignerai, et il ne dépendra pas de moi que vous ne soyez mieux que chez votre parent. »

«—Ma belle belle, ma charmante Thérèse, n'est-il pas vrai que tu aurais donné tout ce que tu possèdes pour avoir seulement la certitude que je ne t'étais pas ravi pour toujours? Je suis venu, tu m'as vu, il faut maintenant que je parte. On ne sait pas où je suis, je ne veux pas même qu'on le sache. Que trois ou quatre jours se passent encore sans nous revoir, et puis nous nous réunirons pour ne jamais plus nous quitter. »

«—Tu badines, Jean-Baptiste; quoi! tu veux aujourd'hui délaisser ta bonne amie?

cela est impossible, ton cœur n'aura point tant de dureté. »

« — Ne pleure pas, ma chère belle; ne déchire pas mon cœur par ce désespoir; il n'est plus de saison : je suis guéri, je le sens, et ta présence m'a rendu tout à la santé; mais il faut absolument que je retourne dans ma famille, notre bonheur futur en dépend. »

« — Tu me fais peur quand tu me parles avec tant de mystère. Et quels sont ces parens que j'ignorais et qui te sont si chers? tu ne me les avais pas fait connaître; je te croyais comme moi enfant perdu au milieu de Paris. »

« — Quand je suis avec toi, ma Thérèse, je ne pense guère à ce qui est hors de nous; je ne m'occupe ni de mes travaux ni de ma famille, et pourtant la mienne est digne de tout mon amour. »

« — Ton père, m'as-tu dit, habite loin d'ici? »

« — Et j'ai eu tort de te le dire. C'est chez

lui que je devrais être, puisqu'il faut tout avouer, car il demeure comme nous dans cette ville. »

« —Et tu t'es séparé de lui ? cela n'est pas bien, Jean-Baptiste ; non, cela n'est pas bien : il me semble que, sous les yeux de ton père, ta conduite serait meilleure. On prend toujours pour des vagabonds les enfans qui font à part leur ménage quand ils n'ont pas avec eux leur femme. Entends-tu ce que je te dis là ? Je te fais peut-être de la peine ; celle que j'éprouve n'est pas moindre, mais je t'aime trop pour te parler autrement que selon ma conscience. »

« — Et moi, Thérèse, moi qui chaque jour te chéris davantage, je ne pourrais vivre si je n'étais pas plus souvent auprès de toi. Sais-tu que tu es la compagne de mon choix, la femme que j'ai le plus désirée, celle qui remplit tous mes rêves de bonheur? Non, je ne me séparerai pas de toi ; si je le fais à cette heure, c'est par respect pour mon père, c'est afin de le tranquilliser. Laisse-moi remettre entièrement, et puis je recommencerai avec toi une série de prospérités, et nous continuerons à être heureux ensemble. »

« — Est-il seul, ton père ? »

« — Ma mère est avec lui. »

« —Tu as aussi ta mère ? oh ! Jean-Baptiste, Dieu ne t'a pas maltraité. Et es-tu leur seul enfant ? »

« — Une sœur bien douce, bien bonne, bien naïve, comme toi enfin, ma Thérèse, a un droit égal à leur tendresse. »

« — Mon ami, que je voudrais la voir ta sœur, être son amie ! Crois-tu qu'elle m'aimera ? »

« — Et qui ne t'aimerait point lorsqu'on pourrait te connaître ? »

« — Fais-moi trouver avec elle aux Champs-Elysées, au Port-à-l'Anglais, au Gros-Caillou, où tu l'entendras. »

« —Ce n'est guère facile, mes parens sont sévères, et ma sœur ne sort jamais. »

« —Vraiment, je la plains si elle n'est pas heureuse. »

« — Elle l'est, mais à sa manière, différemment de toi. »

« — Je ne la rencontrerai donc jamais ? »

« — Un temps arrivera qui, sans doute, vous mettra en présence. »

Thérèse comprit à quel temps son ami faisait allusion, et elle sourit de plaisir. « — Jean-Baptiste, dit-elle, tu m'en as appris beaucoup aujourd'hui; que de réflexions je ferai quand je serai seule ! Adieu donc, puisqu'il faut que tu partes; adieu, songe que je ne respirerai librement qu'après ton retour. »

Le jeune homme, sans lui répondre, la reprit de nouveau dans ses bras; leurs bouches se rapprochèrent, et plusieurs minutes s'écoulèrent tandis qu'ils demeuraient plongés dans une mer de pures délices. Il fallut enfin se séparer. Jean-Baptiste regagna péniblement l'escalier, et sa faiblesse fit qu'il le descendit avec peine; il parvint devant la loge, et là, avec un son de voix impérieux, il traita avec la mère Michel de l'affaire de son terme.

La femme, qui ne l'aimait pas, dit, en lui remettant la quittance : « Etes-vous, monsieur Jean-Baptiste ? toujours colleur de papier ? il y en a qui prétendent que ce n'est pas là votre profession véritable. »

Jean-Baptiste à ces mots recula de surprise; mais surmontant sans peine une légère inquiétude :

« — Mon argent est-il de poids, madame Michel ? demanda-t-il; c'est là, je crois, tout ce qui doit vous occuper à cette heure. Mêlez-vous de vos affaires, ou je porterai directement mes plaintes à M. de Saint-Thomas. »

Il y eut quelque chose de si impérieux, un ton de commandement fut déployé avec tant de supériorité dans les paroles du jeune homme, que la portière en demeura frappée ; elle regarda Jean-Baptiste avec des yeux inquiets comme si elle se fût attendu à le voir quitter ses modestes habits pour revêtir une parure brillante.

«—Là, là, méchant garçon, dit-elle enfin. Faut-il prendre la mouche pour si peu de chose? On jase avec vous de ce que répètent les mauvaises langues du quartier, voilà tout; et si vous aviez à vous en prendre à quelqu'un, adressez-vous à madame Robillot, car c'est elle qui vient de laisser ce paquet dans ma loge en descendant de chez mademoiselle Mortier. »

Jean-Baptiste, satisfait de savoir à qui il fallait attribuer une découverte qui le troublait quelque peu, s'éloigna sans répondre, bien décidé à se plaindre à la sorcière de ses propres commérages.

Thérèse, demeurée seule, ne put d'abord classer dans sa jolie mais faible tête tout ce que son amant y avait fait germer; elle resta long-temps comme perdue dans un dédale de réflexions, et pour la première fois un léger sentiment de défiance vint attrister son cœur; non qu'elle doutât de celui de Jean-Baptiste, mais elle faisait la découverte avec douleur de son défaut de sincérité complète. Il l'avait trompée sur la position réelle de sa famille, et peut-être aussi sur le métier qu'il avait embrassé. Ceci la chagrinait au dernier point; la douce fille ne concevait pas l'amour vrai sans une entière franchise.

Cependant d'un autre côté l'objet principal de sa peine n'existait plus; son amant avait reparu, elle l'avait vu, elle était certaine de le revoir encore ; et si sa maladie se prolongeait, ce serait au sein de sa famille et les secours ne lui manqueraient pas. Ce fut en passant de l'une à l'autre de ces idées qu'elle continua son travail ; sa main devenait plus légère parce que son cœur était moins chargé; elle essaya même les premières mesures de sa chanson favorite, et elle chantait encore lorsque Sophie entra toute surprise d'une gaieté que le matin elle n'espérait pas. Mais elle était femme, et grâce à la délicatesse exquise du tact de son sexe, elle n'hésita nullement à dire à son amie:

« — Tu as vu Jean-Baptiste? »

« —Oui, ma Sophie; il est venu, il m'a tenue sur ses genoux pendant une heure, et il ne tardera pas à reprendre sa vie ordinaire;

mes inquiétudes ont disparu, je ne dois plus avoir que du bonheur. »

Un soupir pressé sembla donner un démenti à ces dernières paroles. Sophie ne s'en aperçut pas. Joyeuse de la bonne nouvelle quelle venait d'apprendre, elle n'était point de force à bien apprécier toutes les nuances de sentiment; une seule idée alors la saisit, celle de savoir pourquoi le jeune homme était resté douze jours sans se montrer. La réponse ne se fit pas attendre; on conta à la jolie couturière la maladie dans toutes ses époques, on lui représenta trait pour trait l'état physique de Jean-Baptiste; car Thérèse avait tout examiné, tout remarqué et mis en ordre dans les cases d'une mémoire qui a ses registres dans le cœur.

Le reste de la journée s'écoula dans mille causeries différentes. La douleur de Thérèse évanouie, sa joie ne tarda pas à se montrer, et Cyprien Aimar à son retour de l'ouvrage partagea aussi un contentement dont il avait besoin : il aimait son camarade, et il se sacrifiait au bonheur de cet ami.

«— Grand merci, Cyprien, tant en mon nom qu'en celui de Jean-Baptiste, de votre bonne volonté, dit Thérèse. Par bonheur il n'est pas nécessaire de vous saigner au blanc à notre profit ; il a apporté avec lui plus d'argent qu'il n'en fallait pour payer son terme. Reprenez vos six francs, mais croyez à notre reconnaissance éternelle. »

Cyprien ne fit pas ces façons en usage dans le grand monde, il n'annonça même point cette prévision fastueuse de la possibilité d'un autre service à venir ; comme sa bourse était en permanence la propriété de ses amis, il trouvait inutile d'en assurer ceux-ci trop souvent.

On avait beaucoup jasé, dans la maison de M. de Saint-Thomas, de l'absence prolongée du jeune ouvrier ; les propos du quartier n'avaient pas été moins actifs. Mademoiselle Séphas, quelque peu brouillée avec la petite Loblin, revint à Sophie par désir de curiosité et pour la questionner sur le compte de Jean-Baptiste. Sophie ne savait rien, elle ne put rien dire ; mais on la soumit à une question extraordinaire, quand la renommée empruntant les langues bien affilées des femmes Robillot et Michel, eut répandu la *nouvelle surprenante du retour imprévu d'un particulier très-connu dans Paris.*

Mademoiselle Séphas était impérieuse ; Sophie Loblin, accoutumée presque à la respecter, ne lui cacha rien de ce qu'elle tenait de Thérèse, et avant peu on sut aux environs que le père de Jean-Baptiste était riche, et que son fils, qu'il avait chassé de chez lui pour cause de mauvaise conduite, aurait néanmoins en mariage au moins 30,000 francs. J'exprimerais mal combien le mensonge qui faisait un artisan riche d'un simple ouvrier fut nuisible au jeune homme ; il éveilla d'une part la jalousie, et de l'autre il excita la cupidité de mademoiselle Séphas. Désormais, pensait-elle, sa passion n'aurait plus besoin d'être cachée à madame sa mère. La vieille marchande de chapeaux verrait-elle avec peine l'amour de sa fille pour un Crésus de vingt-trois ans? En conséquence elle dressa ses batteries pour en venir à ses fins, et comme elle connaissait l'attachement sincère que Sophie portait à Thérèse, elle se décida, tout en conservant la première pour la fourniture des renseignemens, de se choisir une autre confidente, et en personne prudente elle jeta le gant à la sorcière de la rue Frépillon. Je rapporterai dans un autre chapitre ce qui eut lieu à ce sujet; maintenant un autre soin me presse : je suis impatient d'aller rejoindre dans son hôtel le jeune vicomte Adolphe de Nertal, que j'ai laissé dans le délire ardent d'une fièvre malfaisante; celui-là est encore un de mes héros que je ne puis long-temps abandonner.

CHAPITRE IX.

LE PÈRE DE FAMILLE.

Indulge veniam pueris.
JUVÉNAL, *satire* VIII.
« Il faut de l'indulgence envers la jeunesse. »

PLUSIEURS jours s'étaient écoulés depuis le premier qui avait obligé le vicomte de Nertal à se constituer malade. La force de son tempérament et la violence de ses passions, loin de l'aider dans une circonstance pareille, n'avaient fait que donner de nouveaux alimens à la fièvre, et le délire d'un accès succédait presque sans interruption à celui de l'accès précédent. Toute la faculté de médecine de Paris fut convoquée dans ses principaux membres dès le lendemain du début de cette indisposition véhémente, et le pieux docteur Simonier eut à offrir à Dieu la douleur d'être contraint de consulter, avec d'habiles confrères sans doute, mais qui n'ordonnaient pas des neuvaines, et encore moins faisaient partie de la congrégation. Messieurs les docteurs raisonnèrent beaucoup, trouvèrent vingt causes au mal sans soupçonner la véritable, ordonnèrent des remèdes d'un effet positif, et la fièvre irrévérencieuse continua son cours.

Le comte et la comtesse de Nertal ne quittaient plus, ainsi que leur fille, la chambre d'Adolphe, et une fois par jour la marquise venait au retour de la messe, y faire une visite solennelle. « Mes enfans, dit-elle vers le quatrième jour de la maladie, vous êtes chrétiens, et vous avez pleine confiance dans les secours de la religion. »

« — Eh bien! ma mère, dit la comtesse alarmée de ce préambule, où voulez-vous en venir? est-ce que le docteur aurait condamné Adolphe? »

« — Non certainement, ma fille, il n'en a rien dit; mais mon directeur, le père Poulvant, que l'honneur de notre maison anime, me faisait observer ce matin que les impies attendent seuls aux derniers momens pour remplir ou faire remplir par leurs proches des devoirs spirituels que l'église nous ordonne impérieusement. »

Ce propos déchira l'âme de la comtesse, et M. de Nertal, cachant avec soin, sous sa gravité accoutumée, combien lui-même en était anéanti, répondit à sa mère qu'il n'était guère possible de donner un confesseur à qui ne possédait qu'imparfaitement sa raison.

« — Le docteur, reprit la marquise, nous fera connaître le moment où Adolphe pourra recevoir la visite du père Poulvant, mieux : le saint prêtre, M. Poulvant, ne vous a-t-il pas promis de vous ouvrir la maison de quelques grandes dames; là il n'y a pas de craintes, mais seulement du profit et de l'honneur. Je le verrai ces jours-ci, et je le charge de le décider à nous tenir sa promesse. »

Thérèse demeurée seule, s'affermit encore dans son dessein, de garder pour elle seule les détails de son équipée. Elle s'en occupait, dans ses instans de solitude, moins pour s'indigner des offres qui lui avaient été faites, que pour se rappeler les détails de la conversation quelle avait entendue : elle ne sortait pas de sa pensée. Cette jeune couturière, aimée par un noble vicomte dont elle avait retenu le nom, et que ces deux hommes voulaient désespérer en lui enlevant le cœur de son amant.

« Oh! se disait-elle alors, si de même de faux amis tâchaient de me séparer de celui que j'aime, si par des ruses perfides on l'animait contre moi... Folle que je suis! mon Jean-Baptiste n'est pas un vicomte, c'est un pauvre garçon ; et, à part ses parens, aucun n'a le besoin que nous soyons brouillés. »

D'autres fois une sorte de curiosité s'allumait dans son âme : Elle voulait connaître le seigneur dont il était question, et elle se promettait de demander à son amant, s'il n'en avait pas entendu parler. Elle était dans cette disposition, lorsque celui-ci parut devant elle. Ses premiers soins furent de lui prodiguer les caresses accoutumées ; elle se félicita de le revoir, et, pendant une heure tout entière, elle ne s'occupa pas d'autre chose. Quand Jean-Baptiste était là, elle ne savait être qu'à son amour : cependant, lorsque les premiers transports de cette âme naïve se calmaient, alors naissait le besoin de causer, la nécessité de raconter les détails d'une vie uniforme, et ces petits riens qui chez le pauvre ont tant d'importance. Ceux qui n'ont pas observé de près les classes inférieures ne peuvent imaginer quel est leur coup d'œil investigateur, avec quelle habileté, et quelle promptitude surtout, elles surprennent notre pensée ; comme elles tirent leur profit d'un geste ou d'un regard. Le mot que nous croyons le plus indifférent, elles s'en emparent, le commentent, le retournent, l'étendent s'il faut, de manière à lui faire dire quelque chose. Chaque action leur est une montagne, tant elle leur paraît importante. Il n'y a pour elles rien de niais ou d'inutile ; elles tirent parti de tout ; et en cela, j'ai entendu des choses qui m'ont surpris au dernier point, des prévisions étonnantes, justifiées par une serie de raisonnemens qui ne seraient pas récusés par nos Azaïs et Cousin, et que l'événement corroborait presque toujours par son témoignage irrécusable.

Thérèse, après avoir donc entretenu son amant de tout ce qui se passait dans la maison, lui dit avec un ton embarrassé :

« — Oh ! il dépend de moi de te conter une autre histoire bien plus curieuse ! »

« — Dis-la, ma chère amie ; j'aime tant tes récits naïfs... »

« — Elle n'est pas de petite importance : elle ne regarde pas de pauvres gens comme nous ; un noble y joue un grand rôle ; oui, un noble, un vrai noble ; un vicomte enfin ! »

« — Un vicomte ! » dit Jean-Baptiste, en tressaillant...

« — Tu dois en connaître plusieurs de ces grands seigneurs, ton travail t'amène souvent dans de bonnes maisons ? »

« — Oui ! sans doute, mais Thérèse, ton histoire ? »

« — Il s'agit d'une couturière, comme moi, par exemple ; elle a un amant qui l'aime bien, et qui, quoique noble, veut l'épouser ; c'est, je te le répète, un vicomte, et son nom c'est monsieur de Nertal. »

« — Grand Dieu ! que me dis-tu ? » s'écria le jeune homme en se levant avec précipation.

« — Ah ! tu sais de qui je parle, reprit Thérèse avec un calme qui surprit Jean-Baptiste ; eh bien ! si tu peux parvenir jusqu'à cet honnête homme, apprends-lui que des méchans veulent le brouiller avec sa maîtresse, et que maintenant ils y travaillent. »

« —Est-ce que je rêve; suis-je bien éveillé, ou de nouveau en proie au délire de la fièvre?» se demanda le jeune homme en lui-même, toujours de plus en plus confondu, et du calme de Thérèse, et de ce qu'elle lui disait en même temps. Elle était devant lui, attentive à tous ses mouvemens, et empressé d'écouter sa réponse. Lui ne savait comment la faire; ses idées étaient brouillées à un tel point... Cependant il fallait parler, ne fût-ce que pour parvenir à mieux savoir les particularités d'une révélation inattendue.

« — Oui! dit-il, ce nom ne m'est pas inconnu; j'ai fait de l'ouvrage chez un personnage que l'on désignait sous ce titre, il y a plusieurs années, et depuis..... »

« — Eh bien! ce monsieur a de faux amis, je te l'affirme. »

« — De faux amis! en est-tu sûre? pourrais-tu le prouver? »

Ceci fut dit avec un accent tellement irrité, que Thérèse, craignant d'être obligée de raconter tout ce qu'elle savait, et peut-être d'éveiller la jalousie de son amant, se réfugia, pour la première fois de sa vie, dans un mensonge dont elle crut le secours nécessaire.

« — Mon Dieu, dit-elle, ce que je répète ici, je l'ai entendu dimanche dernier sortir de la bouche de deux dames, qui entendaient la messe auprès de moi; elles causaient entre elles, je les écoutais, voilà tout, je n'en sais pas davantage. »

« — Et ces dames étaient-elles jeunes ? »

« — Je ne crois pas, répliqua Thérèse en hésitant, et comme si elle eût fait un appel à ses souvenirs : au reste, j'étais placée derrière elles, et je suis sorti de Saint-Elisabeth la première. »

Ce renseignement insuffisant jetait Adolphe dans une indécision à laquelle il n'était pas de borne. Rien de précis, aucune donnée certaine ne lui présentait les moyens de remonter à la source d'un tel rapport; mais il y en avait assez pour le mettre hors de lui-même, pour le convaincre que son secret était connu. Par qui pouvait-il avoir été trahi? deux hommes seulement possédaient sa confiance; Joseph, le valet de chambre, ne l'avait pas toute, et d'ailleurs Joseph était incapable de le trahir. Mongervel serait-il moins solide dans son amitié? convenait-il de l'accuser? Ceci ne répugnait pas moins à Adolphe; mais enfin quelqu'un l'avait trahi, ou bien, par un concours de circonstances fortuites, la fatalité aurait-elle amené la découverte de son secret?

Son père quand il avait avancé, la veille au dîner de sa grand'mère, une proposition si peu en harmonie avec les antécédens, parlait-il en homme assuré de la perte de ses espérances? sa magnanimité serait-elle montée jusque là? Toutes ces réflexions assaillirent le vicomte; en même temps elles altérèrent la sérénité de son visage, quoiqu'il tâchât de se vaincre dans une circonstance où le moindre soupçon pourrait faire jaillir une funeste lumière. Thérèse, qui l'examinait avec plaisir, fut assez heureuse pour ne pas soupçonner la vérité; elle ne tourna ses idées que sur la chose apparente, et par ses paroles elle rassura son amant.

« — Tu souffres, dit-elle, de la peine de cette pauvre fille, et de la malice avec laquelle on cherche à la séparer de son bon ami; que je la plains, surtout si elle ne connaît pas le rang de celui qu'elle aime ! Cela me fait souvenir de la romance de Sophie; peut-être quand elle sortira de son erreur fera-t-elle comme la bergère Isabeau. Tu te rappelles du dernier couplet :

> Depuis lors cette infortunée,
> En proie à d'amères douleurs,
> Ne passa plus une journée
> Sans répandre de tristes pleurs.
> A l'infidèle qui l'outrage
> Elle avait donné son trésor,
> Et regrettant un cœur volage,
> Elle mourut, l'aimant encor.

Thérèse, avec une voix douce, chantait ces vers; elle y mettait une expression mélancolique qui descendit jusqu'au cœur de son amant; celui-ci la prit dans ses bras avec vivacité : « —Non ! Thérèse, tu ne mourras pas ! car je te serai toujours fidèle ! »

« — Je te crois, Jean-Baptiste; aussi bien n'est-ce pas à toi que j'adresse ceci, mais à la couturière qui est assez malheureuse pour s'attacher à un grand seigneur. N'est-ce pas que les nobles n'aiment jamais franchement les filles du peuple? et que surtout ils se gardent de les épouser lorsqu'ils leur ont promis mariage? »

« — Il y a, Thérèse, sois-en sûre, il y a de l'honneur chez les grands comme chez les petits; nulle classe n'est parfaite exclusivement. Tu l'apprendras dans le cours de la vie. »

« — Je voudrais, mon ami, dans l'intérêt de la jeune ouvrière, que tu tâchasses de te rapprocher de ce vicomte de Nertal, pour le prévenir de ce que l'on complote contre lui et contre sa maîtresse : ne serais-tu pas charmé, si tu te trouvais à sa place, que l'on te rendît un pareil service ? »

« — Tranquillise-toi, le vicomte saura ce qu'il doit savoir. »

« — Tu lui parleras ? »

« — Je... je... lui écrirai. Il ne fait pas bon se faire trop connaître de ces gens-là; mais je puis te répondre que rien de ce que tu me confies ne lui demeurera inconnu. »

C'était tout ce que demandait Thérèse, et comme au fond elle portait un intérêt peu majeur à des amours qui lui étaient étrangères, elle ne tarda pas à changer la conversation, et à la ramener sur sa thèse favorite, celle de sa prochaine délivrance. Un mois encore, pensait-elle, et ce doux et cruel moment arriverait. Ce fut alors qu'elle annonça le choix du parrain et de la marraine qui reçut pleinement la sanction de Jean-Baptiste; ceci lui inspira une autre idée, et pour commencer à la mettre à exécution :

« — Thérèse, dit-il, ma marraine, toujours bonne, veut qu'une sage-femme de son choix préside à tes couches; elle m'a promis de me la désigner demain ou après-demain; et nous aurons soin de l'envoyer chercher lorsque sa présence sera nécessaire. »

Cette communication était trop agréable à Thérèse Mortier pour qu'elle s'opposât à ce qu'on voulait faire pour elle ; Thérèse voyait en cela une preuve de l'intérêt permanent que lui portait la marraine de son ami ; elle en éprouvait une allégresse extrême, et sa réponse le prouva; peu de chose suffit à son âge pour bannir de noires idées et pour amener le contentement. Jean-Baptiste lui apprit ensuite quelque chose qui devait moins lui plaire; son maître venait de prendre l'entreprise de la peinture et du collage de papier de trois grandes maisons, de sorte que pendant deux mois au moins, lui Jean-Baptiste ne serait guère plus libre dans la journée. La vérité était que son service allait recommencer au château. Thérèse vit dans ceci du chagrin et du contentement : l'ouvrage ne manquerait pas à son ami, et elle se réfugia dans l'espérance que les nuits seraient souvent pour elle, et dans celle d'un meilleur avenir. Le jeune homme partit. Il était dans la cour lorsqu'il reconnut la femme Robillot traversant la rue, et se dirigeant vers le Temple. Ceci lui rappela qu'il devait une visite à cette créature au sujet des propos qu'elle avait tenus sur son compte, et en véritable étourdi il se promit un vrai plaisir de la querelle d'Allemand qu'il se proposait de lui faire ce soir-là ou le lendemain.

Mademoiselle Clorinde Séphas, que j'ai tenu derrière la toile depuis long-temps, n'avait pas demeuré tranquille, concernant Jean-Baptiste, autant que je l'ai été à son égard. Elle assiégeait chaque jour la sorcière pour qu'elle commençât ses enchantemens irrésistibles. Elle avait déjà fait passer dans ses mains une partie assez forte du billet de banque dont elle s'était adjugée la propriété. La femme Robillot éludait tant qu'elle pouvait la réponse définitive.

Mise en possession des cheveux du jeune homme, elle en avait paré une poupée de cire, et tous les soirs, en présence de la dupe Clorinde, elle passait cette figure au travers de certaines vapeurs prétendues magiques, qui, selon elle, devaient amollir le cœur d'Adolphe et le rendre sensible pour l'héritière présomptive de la ci-devant marchande de vieux chapeaux.

Clorinde, au demeurant, était assez jolie pour plaire par elle-même et sans avoir recours à ces misérables moyens. Elle était grande et mince; sa peau blanche et colorée ressortait par l'opposition de beaux cheveux et de grands yeux noirs; des dents bien rangées, petites et nettoyées avec soin, une bouche rosée et dont les lèvres quelque peu renflées donnaient à son visage un air boudeur; enfin elle était propre à inspirer de l'amour, et tout ou moins des désirs qui souvent en tiennent lieu. Mais elle qui aurait pu choisir parmi cent galans des plus huppés des quartiers du Temple et Saint-Martin, s'était avisée de donner son cœur à un pauvre garçon colleur de papier, tant dame nature se plaît à tout confondre dans le monde, et à réunir bon gré mal gré ce que la société, les préjugés et les habitudes tendent à séparer violemment.

CHAPITRE IX.

LE SORTILÉGE.

> « Vainement la philosophie
> Se rit du pouvoir des lutins,
> Il en est, je le certifie,
> Et de fripons, et de mutins. »
>
> *Chanson manuscrite.*

Il était nuit. Madame Séphas était partie pour aller passer la soirée chez une vieille amie qu'elle avait rue des Canettes, faubourg Saint-Germain, et où chaque semaine se réunissait un groupe d'anciennes connaissances. Là on jouait au loto, et le profit du jeu servait à payer des marrons et du vin blanc; là on déplorait et la chute du commerce et la dissipation de la jeunesse. C'était une sorte de fête de la bonne déesse célébrée dans une classe bourgeoise, et d'où l'on excluait les jeunes filles afin de n'être pas obligé à retenir devant elles des propos dont elles auraient pu faire leur profit. Madame Séphas partit, non sans avoir recommandé la sagesse et la retraite à sa progéniture. Mademoiselle Clorinde se croyant bien et dûment émancipée, ne tenait aucun compte des avertissemens maternels, et prenait du bon temps de son côté, soit, l'été, en allant se promener avec ses amies; soit, l'hiver, en se réunissant à elles auprès du feu.

Ce soir elle était devenue sa maîtresse absolue, attendu le départ de la mère pour la rue des Canettes, et elle se hâta d'en profiter, non de manière à perdre son temps devant le jardin Turc, mais en courant chez la devineresse, qu'elle espérait trouver seule, car la devineresse l'attendait : elle ne fut pas trompée dans son attente ; madame Robillot était dans la chambre sur la cour ; elle avait préparé à l'avance le réchaud magique, et le maléfice allait commencer; les choses étaient en cet état lorsque, par un de ces coups rares de la fortune, mais pas assez cependant pour qu'on se récrie contre leur impossibilité, Jean-Baptiste, au milieu des mille inquiétudes qui devaient l'agiter, se présentait en franc écervelé devant la porte d'entrée de la maison Robillot.

L'énorme Catherine était chargée de veiller à ce que nul indiscret ne franchît le passage sans en avoir au préalable instruit sa maîtresse; c'était un office dont elle s'acquittait avec zèle, et auquel elle manqua complètement alors. Un joueur de gobelet accompagné d'un violon discordant et d'une orgue de Barbarie, avait établi son théâtre à quelques distances de là; Catherine, curieuse d'admirer les tours d'adresse, avança d'abord la tête, puis fit un pas, puis deux, puis trois sans s'en apercevoir elle-même, et à peine eut-elle déserté son poste que l'ennemi s'y présenta. L'ennemi c'était Jean-Baptiste. Il connaissait la demeure de la devineresse, mais point la domestique de celle-ci ; une porte ouverte lui parut une invitation à la franchir; il mit donc le pied dans la boutique des tableaux, et guidé par la clarté d'une lampe gothique, il s'avança lentement comme quelqu'un qui ne connaissant pas les lieux, craint de venir se heurter contre le pot au noir.

Il allait donc à petit bruit, et déja était parvenu à moitié de la pièce intermédiaire dans laquelle la Robillot avait son lit, lorsqu'il reconnut mademoiselle Séphas, dont déjà il avait pu apprécier la bonne volonté à son égard. Un jeune garçon a beau être modeste et amoureux à l'excès, il lui reste des yeux qui lui apprennent tout ce qui se passe autour de lui, et qui lui montrent où sont ses amis et ses ennemis. Jean-Baptiste, en conséquence, voyait avec quelle douceur l'héritière lui parlait; elle n'avait jamais pour lui qu'un sourire bienveillant et que des regards polis; peut-être dans une autre circonstance aurait-il mis à profit ces dispositions favorables; mais Thérèse était toujours là et où il la rencontrait, Jean-Baptiste ne voyait qu'imparfaitement une autre femme.

La curiosité le saisit au moment où il surprit Clorinde en conversation mystérieuse avec la sorcière; il remarqua le vase placé sur le réchaud, la poupée dressée à côté, le rameau de verveine couronnant une tête de mort, un œuf prêt à être cassé; une tasse où pouvait être du marc de café, un jeu obligé de tarot, toutes choses sentant le sortilége d'une lieue. Le malin jeune homme ne se fit aucun scrupule de surprendre de pareils secrets. Peut-être que s'il eût été véritablement ce qu'il s'annonçait être dans la rue Phélipeaux, il n'aurait pas eu tant d'audace; mais placé si haut par son rang dans le monde, il se croyait permis ce que la stricte délicatesse devait lui interdire. Il regarda autour de soi, et ses yeux, commençant à s'accoutumer à une demi-obscurité, lui montrèrent une sorte de croisée donnant dans la chambre magique, et cachée en quelque sorte sous les rideaux du lit; il tourna vers ceux-ci, les prit pour s'en envelopper, et véritablement à couvert de toute visite imprévue, il entendit ce que je vais raconter.

« — Savez-vous, mère Robillot, que le charme n'avance guère? »

« — Soyez tranquille, ma voisine, il ne faut que de la patience, et nous arriverons à notre but : je suis déjà persuadée que vous entrez pour quelque chose dans les soupirs de Jean-Baptiste. »

« — Je veux y entrer pour tout, et si vous faites qu'il m'aime, le billet de cinq cents francs passera dans vos mains. »

« — Je ne suis pas intéressée, mademoiselle Clorinde; vous me récompenserez comme vous l'entendrez après le succès. »

« — Vous croyez qu'il abandonnera Thérèse pour moi? »

« — Oui, répondit la Robillot du ton d'une prophétesse inspirée; voilà sept fois que j'ai consulté mes cartes, et sept fois qu'elles m'ont appris que Jean-Baptiste renoncera à cette pauvre fille pour faire un meilleur mariage, contracté par la volonté de ses parens. »

Celui qui écoutait ces propos ne put vaincre un mouvement de terreur superstitieuse qui s'éleva dans lui malgré lui-même, tandis que tout à la fois il se jurait de faire mentir le tarot.

« Dieu le veuille, répliqua Clorinde, et surtout que ce soit moi qu'il épouse. »

« — Ce sera vous certainement, puisque je m'en mêle. Ce serait déjà une chose conclue si j'avais su la demeure de ses parens; mais cette sotte de Thérèse n'a pas été assez habile pour l'amener à la lui dire. Il n'y aurait qu'un moyen, celui de le faire suivre. »

« — Ne l'employons pas, si vous m'en croyez, dit mademoiselle Séphas; on pourrait s'en apercevoir, et peut-être cela ferait naître de fâcheuses idées sur le compte de Jean-Baptiste ; arrangez plutôt les choses de manière à ce que je puisse le rencontrer quelque part. Peut-être en lui parlant... »

« — Oui, rusée que vous êtes, vous faites plus de fond en votre jolie mine que dans toute ma magie, et vous faites bien : je vais donc tâcher de le faire venir lui-même. »

« — Auriez-vous ce pouvoir, dame Robillot ? »

« — Si je l'ai ! si je l'ai !... Ah ! si vous n'aviez pas peur de voir d'abord le diable, vous ne tarderiez guère à voir ensuite ce beau garçon. »

« — Mon Dieu ! quoique je sois bien poltronne, je ne m'épouvanterais de rien si je pouvais non-seulement voir Jean-Baptiste, mais encore s'il pouvait m'aimer. »

» — Et Satan en personne vous apparaîtrait impunément ? »

« — Qu'il vienne, dit Clorinde d'une voix étouffée par la terreur ; mais que Jean-Baptiste le suive. »

Jean-Baptiste, qui entendait cette conversation singulière, n'avait pas son cœur bien tranquille certainement. Il aimait Thérèse autant qu'il le pouvait, et néanmoins, lorsque la jolie Clorinde témoignait pour lui une passion énergique, ses sens et sa tête ne demeuraient plus en repos ; il ne savait trop ce qu'il devait faire ; s'il interromprait la prétendue cérémonie magique en paraissant dans la chambre, ou s'il se retirerait à petit bruit. Tandis qu'il hésitait ainsi, ne sachant à quoi se résoudre, la sorcière, poussée à bout par le courage de la jeune fille et espérant amener la terreur dans l'âme de celle-ci, jeta sur le brasier préparé une poudre aromatique, dont le prompt effet fut de remplir la chambre de fumée ; en même temps elle éleva la voix : — Beelzébuth, dit-elle à deux reprises ; Beelzébuth, viens, on t'appelle, et amène Jean-Baptiste avec toi ! »

Elle hésitait à prononcer la troisième conjuration ; car, si d'un côté elle voyait la fermeté inébranlable de Clorinde, de l'autre elle savait que l'enfer était sourd à ses cris. Tandis qu'elle cherchait par quelle ruse elle interromprait le charme, la vapeur, venant à se dissiper, laissa voir, à travers un léger brouillard qui restait encore, Jean-Baptiste en personne, mais non point accompagné de l'esprit malin.

A la vue du jeune homme, arrivé là d'une manière si extraordinaire, madame Robillot poussa une sorte de rugissement d'effroi et se laissa tomber sur ses genoux, pâle et tremblante, et tendant les mains comme pour demander grâce au démon qu'elle n'apercevait pas. Clorinde, non moins saisie, mais persuadée qu'une ombre vaine était tout ce que lui présentait cette vision, ressentit dans son âme plus d'amour que de peur. Cependant ses traits se contractèrent; elle aussi, fléchissant sous le poids de son émotion, glissa contre un fauteuil voisin à demi inanimée; et Jean-Baptiste, s'adressant à la sorcière confondue :

« — Vous m'avez demandé ! que me voulez-vous ? » dit-il.

Mais cette méchante créature était hors d'état de lui répondre, d'autant plus vivement frappée de cette apparition qu'elle ne l'attendait pas. Elle avait fini par perdre l'usage de ses sens, et elle gisait sur le pavé entièrement évanouie. Clorinde, d'une voix étouffée, ne sachant plus où elle était, se reconnaissant néanmoins actrice dans une scène surnaturelle, ne put que dire, de manière à ce qu'on l'entendît à peine :

« — Si vous êtes un chrétien, tirez-moi d'ici, ou je ne tarderai pas à y mourir ! »

Et comme s'il elle eût voulu joindre l'effet à la menace, ses yeux se fermèrent, son visage se décolora, et ses membres raidis ne lui permirent plus de se soutenir sans secours. Jean-Baptiste s'élança vers elle assez à temps pour lui épargner une chute douloureuse, la saisit dans ses bras et l'emporta rapidement hors du magasin et jusque dans la rue. C'était à la minute précise où l'escamoteur répétait le plus agile de ses tours. Catherine, entièrement sous le charme de tant d'adresse, avait oublié quels soins sa maîtresse attendait d'elle; le reste des assistans, occupés autant qu'elle, ne firent aucune attention à la sortie de Jean-Baptiste qui, chargé de Clorinde, s'élançait sans trop savoir où il allait. Il eût été convenable de ramener mademoiselle Séphas chez elle; mais, soit qu'il ne connût point son logement, ou qu'une autre idée l'eût distrait de celle qui était si naturelle, il continua de cheminer jusqu'à l'approche d'un fiacre auquel il ordonna de s'arrêter.

« — Est-ce que madame votre épouse s'est trouvée mal, not' bourgeois ? » demanda le phaéton en guenilles.

« — Oui, mon ami, mais elle va revenir. Va vite, rue Quincampoix, n° ***, et cinq francs si nous y sommes dans cinq minutes. »

Le mouvement rapide de la voiture produisit l'effet que Jean-Baptiste en attendait, mademoiselle Séphas sortit de l'affreuse attaque de nerfs qui l'avait saisie. « — Où suis-je ? » demanda-t-elle d'une voix faible.

« — En sûreté, et avec un ami. »

« — Un ami ! est-ce vous, monsieur Jean-Baptiste ? vous qui m'avez arrachée de cette affreuse maison. »

« — Oui, Mademoiselle, c'est moi qui vous ai fait une peur bien involontaire, et qui n'ai pu consentir à vous laisser avec une vieille misérable qui vous trompe sans pudeur. »

« — N'êtes-vous donc pas venu par la orce de ses maléfices ? »

« — Je venais me plaindre à elle de ses échancetés, de ses coquineries ; le hasard 'a fait arriver au moment où la chambre tait remplie de fumée ; vous m'avez vu et ous savez le reste. »

« — Qu'avez-vous entendu ? » demanda a jeune fille d'une voix presque inintelligible.

« — Rien, » répliqua Jean-Baptiste en ésitant.« — Rien, » dit encore Clorinde, tandis qu'une vive rougeur revenait sur ses joues décolorées.

« — Oui, rien, Mademoiselle, » ajouta notre héros avec une fermeté qu'il puisa dans le souvenir de son père. Clorinde soupira.

« — Et où allons-nous? » dit-elle alors.

« — Où vous voudrez, Mademoiselle ; car je n'ai aucune idée : j'ai voulu obéir d'abord à votre volonté, je n'ai pas ensuite cru convenable d'attirer sur vous les regards de la foule amassée non loin de la maison dont nous sortions. J'ai trouvé ce fiacre, j'en ai pris possession, et maintenant lui et moi sommes à vos ordres. »

Certainement, dans les formes de ce langage, il n'y avait rien qui annonçât le garçon colleur de papier, quelqu'un de plus usagé que la jeune fille aurait pu s'en apercevoir, mais elle ne trouvait dans ces paroles que l'esprit délicat de celui qu'ell croyait aimer, et lorsqu'elle était presqu en son pouvoir, elle reconnaissait avec plaisir qu'il ne cherchait pas à profiter de son avantage.

« — Je voudrais descendre, dit-elle; le grand air me ferait du bien »

Elle achevait à peine ces mots que le fiacre s'arrêta comme s'il l'eût devinée; le cocher sauta précipitamment à terre et vint ouvrir la portière en s'écriant : — Not' bourgeois, les cinq minutes ne sont point finies, et j'ai gagné mes cinq francs ! »

« — Est-ce que vous donneriez cinq francs pour une course ? » demanda Clorinde qui, au milieu de ses agitations, ne cessait pas d'être la fille de sa mère : « trente sous et le pour-boire c'est bien assez, et d'ailleurs c'est moi qui dois..... »

Le fiacre était déjà bien loin, et Jean-Baptiste avait tenu sa promesse.

« — Vous êtes fou de jeter l'argent à la tête de ces polissons, » dit encore mademoiselle Séphas en prenant le bras qui lui fut offert. Elle choisissait mal l'instant d'une lueur d'économie.

CHAPITRE IX.

LES CONSÉQUENCES DU SORTILÉGE.

« Le peuple croit à la magie ;
Qu'est-ce qui n'est pas peuple en cela. »
PIÉTRO DE LAVALLE.

CE couple, réuni momentanément, se sépara à une distance raisonnable de la rue Phélippeaux. Je ne puis affirmer à quelle heure ; on ne l'a pas marquée dans les notes d'où je prends les documens principaux qui me servent à tracer les parties diverses de cette histoire véridique que les bonnes âmes auraient grand tort de prendre pour un roman. Mademoiselle Séphas rentra chez elle, moitié gaie moitié pensive, incertaine encore si Jean-Baptiste avait bien ou mal entendu ce qui s'était dit dans la chambre de la magicienne; mais dans tous les cas le jeune homme s'était montré sous un jour si avantageux, avait manifesté de si bons sentimens, qu'elle espérait beaucoup pour l'avenir.

Le fait était qu'Adolphe, avec ces formes agréables du grand monde, avec cette politesse gracieuse inséparable d'un homme bien élevé, avait tâché de satisfaire la tête ardente de la jeune fille sans attaquer son cœur; il lui avait parlé du ton d'une galanterie aimable, avait tenu des propos flatteurs qui ne veulent rien dire dans la bouche de ceux qui les profèrent, et que ceux qui les entendent prennent pour de la réalité; il s'était avancé même jusqu'à souhaiter qu'une autre occasion le remît en présence de mademoiselle Clorinde, et mademoiselle Clorinde, pour la faire naître plus facilement, lui déclara que tous les soirs elle sortait pour faire un tour de promenade dans le quartier, et que, chaque mercredi à trois heures précises, elle allait de chez elle rue du Pélican, voir sa cousine germaine, marchande de quincaillerie en gros. Ces renseignemens étaient précis; ce fut la faute de Jean-Baptiste s'il n'en tira pas un meilleur parti.

Cependant, de son côté, mais après un quart d'heure peut-être, la femme Robillot revint à elle sans pouvoir se relever, car une sorte d'attaque de paralysie l'avait frappée dans les extrémités inférieures du corps. Elle porta autour d'elle un regard craintif, croyant apercevoir le cadavre de mademoiselle Séphas à qui le diable en personne serait venu tordre le cou. Elle chercha vainement, elle était seule, sa compagne disparue, et le fantôme de Jean-Baptiste s'était envolé également. Elle appela Catherine. Catherine accourut et poussa un cri lamentable à l'aspect de sa maîtresse couchée sur le carreau; elle tenta de la relever, et, malgré sa force herculéenne, elle n'y parvint qu'avec une extrême difficulté. Madame Robillot, portée sur son lit et avant d'envoyer querir les secours de la médecine, demanda si mademoiselle Séphas était partie, et avec si peu de pitié qu'elle n'eût pas essayé de la rappeler à la vie.

Catherine ne voulait pas avouer qu'elle avait quitté son poste; aussi se hâta-t-elle de répondre que mademoiselle Séphas n'était point sortie par la porte, puisqu'elle avait fait bonne garde pendant toute la soirée.

« — Eh mon Dieu! quelle route aura-t-elle pu prendre? » dit la sorcière en essayant un signe de croix.

« — La fenêtre ou la cheminée, » répliqua Catherine.

« — La cheminée! drôlesse, ôsez-vous ainsi outrager une demoiselle qui aura plus de trente mille francs de bon bien si sa mère continue à être ménagère? »

« — Tout ce que je puis vous assurer c'est qu'elle n'est point passé par la porte, j'y étais en travers. »

« — Elle était avec Jean-Baptiste. »

« — Qui Jean-Baptiste, Madame ? »

« — Le colleur de papier, l'amant de la couturière Thérèse ? »

« — Hélas ! je vous jure sur ma part du paradis, à laquelle je ne renonce ni pour or ni pour grandeurs, que ce jeune homme n'a point paru dans le quartier de toute la journée. »

Catherine débitait ses mensonges avec une telle hardiesse que sa maîtresse ne savait plus que croire ; elle éprouvait une véritable terreur à demeurer seule dans une chambre qui avait été le théâtre d'une aventure extraordinaire ; néanmoins l'état de ses jambes nécessitait la visite d'un homme de l'art ; elle se détermina à laisser partir sa servante, non sans lui recommander de revenir vite, de lui envoyer la mère Rougé et une autre voisine, comme aussi de passer chez mademoiselle Séphas pour savoir si elle ne serait pas rentrée.

Catherine, impatiente de répandre dans le quartier la nouvelle de la séance sabbatique, se rendit d'abord vers madame Rougé, la marchande de fruits du carré Saint-Martin, où, par bonheur pour sa maîtresse, elle trouva la femme Loret. Là, elle se hâta de conter que, tandis que madame Robillot appelait le diable, le diable s'était montré, avait tant battu la sorcière que celle-ci ne s'en releverait de long-temps; et que, pour faire un meilleur souper sans doute, il avait enlevé par la cheminée mademoiselle Séphas.

« — Oh! quant à ceci, dit la mère Rougé, c'est un mensonge ; je viens de saluer tout à l'heure mam'zelle Clorinde; elle prenait l'air sur le pas de sa porte en attendant que sa mère rentre: ainsi le diable ne l'a point emportée. »

« Cela ne prouve rien, repartit la femme Loret, le diable parcourt beaucoup de chemin en peu d'heures ; il a eu tout le temps de faire de cette pauvre fille ce qu'il aura voulu, et puis il l'aura jetée comme une marmite fêlée. »

« — Ou comme des choux gâtés, » dit madame Rougé.

« — Ou encore, Mesdames, comme un vieux tableau qu'on ne peut plus rendre neuf, » ajouta Catherine.

Ces propos échangés, les deux commères se prirent à courir vers la maison de leur vieille amie, et toutes les deux en y entrant ne purent s'empêcher de s'écrier que tout y puait furieusement le soufre. La Robillot entendit cette assertion impertinente.

« — Qu'est-ce à dire le soufre ? s'écria-t-elle ; s'il y en a c'est vous qui l'apportez. J'ai parfumé ma chambre tantôt avec des herbes fortes pour purifier l'air trop épais dans les salles basses ; mais celle qui dit que c'est empreint d'une odeur de soufre en a menti de par tout son corps. »

« — Là, là, ma voisine, dit la fruitière, ne vous emportez pas ; tout va bien ; il y a des gens qui ont vu revenir mademoiselle

Séphas: ainsi tenez-vous tranquille, elle est chez elle. »

« — Mademoiselle Séphas ! » répéta la sorcière en affectant un air d'ignorance dont on ne fut pas dupe. « — Oui, ajouta la troisième interlocutrice, il y en a qui disent l'avoir aperçue comme elle était bien au-dessus de la tour Saint-Jacques. »

« — Miséricorde ! » dit madame Robillot.

« — On sait tout ; mais comme on ne brûle plus pour sortilége, dit gravement la fruitière, tout se passera doucement, et les choses n'iront qu'en police correctionnelle. »

La méchante créature à laquelle on adressait ces propos, éprouvait toutes les angoisses d'une colère impuissante. Ce qui la rassurait cependant était la certitude que mademoiselle Séphas, retrouvée, ne lui serait pas redemandée par sa mère; de là, elle en vint à deviner à peu près la vérité; c'est-à-dire que le jeune garçon, entrant chez elle pour un motif qu'elle ne savait pas encore, avait paru au moment où on l'appelait; que sans doute ayant surpris le secret de la passion de Clorinde, il était parvenu à entraîner momentanément celle-ci, et que, pareil à la plupart de ses camarades, il ne balancerait pas à mener deux intrigues de front.

Cependant, de quelque manière que l'affaire eût été dénouée, madame Robillot se promit de ne plus s'en mêler; elle craignait le commérage de ses voisines, et surtout que la mère de Clorinde ne vînt lui demander compte du rôle quelle avait joué. Elle s'en trouvait bien punie par la paralysie dont elle était frappée; mais ce qui la contrariait non moins, c'était l'histoire déjà répandue, et par sa servante, de l'enlèvement surnaturel de la jeune Séphas.

On doit croire de quelle manière fut reçue Catherine, lorsqu'elle se présenta escortée de l'Esculape voisin. Quelle masse de reproches, d'imprécations, tombèrent sur sa tête; avec quelle véhémence, et non sans raison peut-être, ses délations perfides furent caractérisées. Vainement le docteur en médecine chercha d'abord à calmer le courroux de la malade; il ne le put, et force lui fut d'attendre, pour avoir son tour, que ce torrent de bile eût fait son cours. La fureur de la devineresse fit peur, même à ses deux voisines, quoique celles-ci fussent de ces commères intrépides que l'orage le plus violent n'intimide pas. Elles en ressentirent une telle impression, qu'à la suite d'un conseil tenu à voix basse, elles décidèrent qu'on ne conterait qu'à cinq ou six au plus de leurs amies intimes l'aventure de mademoiselle Séphas.

Jean-Baptiste ne crut pas convenable de rapporter les détails de cette scène extraordinaire à Thérèse; il voulait, s'il était possible, ne faire naître dans cette âme pure aucun mouvement de jalousie, et surtout ne pas la troubler aux approches de sa délivrance qui avançait rapidement. Il n'eut point la même réserve à l'égard de Cyprien, et dans un moment où il se rencontra seul avec lui, il lui découvrit cette sorte de mystère. Le jeune menuisier ne vit, lui, là-dedans, que le côté comique de l'aventure. Il n'imagina pas qu'elle pût avoir d'autres suites; mais sa haine et son mépris pour la femme Robillot en augmentèrent.

« — Quant à mademoiselle Séphas, dit-il, elle est à plaindre, puisqu'elle aime un garçon qui ne lui rend pas de l'amour, et qui même ne peut en avoir pour elle. Ah! si son cœur est vraiment blessé..... mais peut-être n'est-ce qu'un caprice... »

« — Je l'espère, répondit Jean-Baptiste en hésitant, » car malgré son attachement entier pour Thérèse, la jolie figure de Clorinde évanouie dans ses bras le poursuivait toujours; et puis l'amour-propre, lui disait tout bas que rien dans cette jeune fille n'annonçait une passion éphémère, et que certainement celle dont elle était atteinte ne passerait point en un seul jour.

« — L'essentiel, poursuivit Cyprien, est que tu ne la revoies plus. Là où il n'est pas nécessaire d'affronter le danger, à quoi bon faire le brave ? »

«—Je tâcherai de ne pas la rencontrer !»

« — Eh tu feras bien, car il est à craindre que Thérèse ne vienne à savoir quelque chose de ceci, et la fortune considérable de mademoiselle Séphas lui inspirerait une juste crainte. »

« — Ah! dit Jean-Baptiste en secouant la tête, sa richesse ne pourra jamais me faire sortir de la ligne de mon amour; j'ai déjà refusé, s'en m'en être vanté à Thérèse, de bien autres grands partis ! »

« — Tu es heureux, mon ami, les filles riches ou jolies t'en veulent toutes. »

« —Cyprien, crois que le plus à plaindre de nous deux n'est pas toi. »

Le ton de conviction avec lequelle ces paroles furent prononcées frappèrent le jeune menuisier, et ajoutèrent aux soupçons qui s'élevaient déjà en lui, que son camarade, en ne se faisant point connaître entièrement, cachait sous son incognito un rang supérieur à celui qu'il paraissait occuper : non que les conjectures de Cyprien approchassent de la vérité; il en était à mille lieues. Il croyait Jean-Baptiste, non le garçon, mais le fils de quelque riche marchand de papiers peints, et c'était assez pour lui donner une haute idée de son importance.

Le lendemain vers onze heures, une dame mise avec une élégante simplicité se présenta au domicile de Thérèse : «—C'est mademoiselle Thérèse Mortier, dit-elle, à laquelle j'ai l'honneur de parler ? »

«—Oui, Madame, » fut-il répondu d'une voix douce et humble.

« — Je suis envoyée vers vous, Mademoiselle, par une dame respectable, qui, sans vous connaître, prend à vous beaucoup d'intérêt; c'est la marraine d'un jeune homme... »

« — Ah ! » s'écria Thérèse tandis que son joli visage se couvrit d'une charmante rougeur.

« —Oui, Mademoiselle, cette dame désire que je vous donne mes soins dans une circonstance bien pénible; je vous les offre avec d'autant plus de plaisir, que votre vue a gagné mon cœur. »

A la suite de ce début, une longue conversation s'établit entre ces deux personnes ; la sage-femme, tout en gardant une réserve absolue sur la marraine et la famille de Jean-Baptiste, offrit à Thérèse de se charger de tous les soins, même de celui de trouver une nourrice. Elle en connaissait une qui logeait dans la rue des Tournelles, et qui aurait grand soin de l'enfant. La joie de Thérèse fut excessive, en apprenant qu'elle serait aussi rapprochée du tendre fruit de son amour. Dès ce moment toutes ses pensées mélancoliques disparurent ; elle se livra aux espérances d'un heureux avenir, comptant surtout en cette marraine imaginaire de son amant, qui au fond n'était que Jean-Baptiste lui-même. Il avait emprunté cette forme pour venir au secours de la pauvre fille, sans qu'il fût nécessaire de se faire connaître sous son vrai nom. Il s'était mis en rapport avec une sage-femme honnête, et capable de garder un secret, et avait arrangé les choses de manière à ce que l'enfant, porté aux registres de l'état civil, pût être reconnu par lui sans que Sophie et Cyprien en fussent prévenus.

CHAPITRE X.

LA CRIEUSE DE VIEUX CHAPEAUX.

« La crainte est bien permise à l'amour maternel. »
VOLTAIRE, *Marianne*, act. I, sc. 4.

REVENONS sur nos pas, et retrouvons-nous au lendemain du jour mémorable, où le sortilége de la femme Robillot s'était dénoué d'une manière si différente de ce qu'elle attendait; l'attaque de paralysie ou d'apoplexie partielle dont elle avait été frappée durait toujours; ses jambes ne reprenaient pas leur activité accoutumée, et le médecin qui la visitait ne savait s'il devait lui promettre une guérison complète. Ce docteur, différent de M. Simonier, n'ordonnait ni rosaires, ni neuvaines; il avait la mauvaise qualité de ne s'occuper jamais que de l'état moral de son malade, c'est-à-dire qu'il ne lui parlait pas de ses devoirs religieux à remplir, trouvant, à ce qu'il croyait, ce cas hors de sa compétence. Mais, jeune disciple de certaines méthodes nouvelles, il voyait partout des irritations, des inflammations, même dans la paralysie. C'était sa marotte, son dada, et quoique homme de vrai mérite, l'esprit de parti l'égarait au point de lui faire prendre souvent du blanc pour du noir, et ceci au préjudice du patient; la médecine me permettra de désigner ainsi le malade.

Il traitait donc la femme Robillot en vertu de son principe; c'était à la Providence à lutter contre lui, si la Providence pouvait prendre quelque intérêt à cette créature, lorsqu'une personne, qu'on n'attendait pas dans la maison de la rue Frépillon, arriva tout à coup au milieu de la chambre obscure où gisait la souffrante. Ce n'était plus Catherine qui faisait les honneurs du lieu, elle avait été congédiée dès le matin même, non sans avoir été atteinte et convaincue d'être la trompette qui s'était chargée de révéler la veille aux profanes les secrets de l'antre de la Pythonisse. Une jeune personne à mine avenante la remplaçait et à droit sans doute, puisque les commères du quartier la reconnaissaient unanimement pour l'héritière présomptive de madame Robillot, en sa qualité de nièce légitime. Rosalie était une bonne fille, toujours prête à obliger le prochain, surtout lorsqu'il appartenait à l'autre sexe. Un joli garçon produisait sur elle une impression singulière, et les charmes magiques de sa tante n'auraient pas eu autant d'effet que deux beaux yeux brillans, qu'une belle taille et de vives couleurs, lorsque ces derniers se présentaient à Rosalie.

Au reste, cette jeune personne, à l'exemple de son honorée tante, faisait plus d'un métier; elle vendait des objets de luxe et de nécessité, aux hommes; non point qu'elle fût marchande à courir les rues une boîte sous le bras; elle faisait son commerce hors du plein vent, et dans l'intérieur seulement des chambres bien closes des vieux garçons qu'elle n'aimait guère, et des jeunes gens dont elle raffolait. Dans d'autres momens on la voyait déployer un luxe extrême; elle se parait avec magnificence, si ce n'était avec goût, et aux dépens, en partie, du magasin de linge de sa tante, qui lui louait ce qu'elle avait de meilleur. Alors elle se montrait aux spectacles divers, ou bien elle allait passer la soirée chez de bonnes amies, qui désiraient remplir leurs salons d'appeaux à prendre des étourneaux de tout âge. Là, Rosalie, sous un autre titre, sous un autre nom, trafiquait d'un autre commerce; dans tous les cas, et dans toute la force de l'expression, c'était une bonne fille, point malicieuse, joviale, un cœur ouvert et presque franc, ce que je remarque, vu l'extraordinaire du cas, et ne se refusant jamais ni à obliger les autres, ni à prendre du plaisir pour soi; enfin, vraie philosophe, sachant se mettre, avec une facilité parfaite, à la place qu'elle occupait; et à cette heure, servant sa tante avec autant de zèle que la veille peut-être elle avait mis de folie, à la suite du dîner de garçons qu'elle avait fait chez une de ses amies du grand monde.

Le désir de peindre ce caractère m'a écarté de mon sujet, et a sans doute éloigné plus encore le lecteur, de ce que je voulais qu'il retînt; c'est qu'une femme étrangère entra précipitamment dans la chambre de la malade, et cela, avec tant d'impétuosité, qu'elle faillit renverser le docteur prêt à sortir. Celui-ci chancela sur lui-même, de la violence du choc; mais comme il était pressé d'arriver à l'autopsie d'un riche particulier, mort le soir précédent d'une indigestion de truffes et de foies gras, il ne s'amusa pas à se quereller avec la nouvelle venue, et s'éloigna en lui souhaitant, pour toute punition, une inflammation gastrique qui la fît promptement tomber sous sa main.

Cette personne, ou si malhonnête ou si pressée, était madame Séphas en personne. La renommée, aussi active dans la rue Frépillon que dans celle Saint-Denis, par exemple, lui avait appris, presque dès le moment de son lever, que sa fille unique, sa Clorinde, objet permanent de ses sollicitudes maternelles, s'était mise en rapport direct avec la Robillot, au point d'être partie, avec ou sans elle, pour le sabbat. On doit croire combien un tel rapport indigna l'ex-marchande de vieux chapeaux; elle, établie d'une manière honorable dans le quartier depuis vingt ans, très-connue du curé de la paroisse, affiliée à la congrégation dans les centuries subalternes, ne pouvait tolérer de pareilles infamies. Depuis longues années d'ailleurs, elle avait une vieille querelle à vider vis-à-vis de la corruptrice de sa fille, et la haine, nourrie dans son cœur, se réveilla avec violence à ce récit funeste. Elle entama l'explication avec Clorinde par une paire de soufflets, et puis elle lui demanda sérieusement s'il était vrai qu'elle eût été au sabbat, et dans quel lieu se réunissait la cour infernale.

Clorinde, surprise d'une question pareille et des voies de fait qui la précédaient, riposta en enfant gâté ; elle poussa des cris perçans, se roula sur le plancher, pleura outre mesure, et fit enfin tant de vacarme, que sa mère, d'abord courroucée, termina la dispute par se jeter presque à ses genoux, et en la priant de lui pardonner son premier mouvement de vivacité.

«—Là! là! ma bonne petite, lui dit-elle, tu sais que je suis emportée; mais console-toi, je t'achèterai une robe. La jeunesse est curieuse ; mon Dieu! qui ne l'est pas? cette vieille sorcière t'aura fait naître l'envie d'aller rendre visite au diable, car ce n'est pas toi que j'accuse. Eh bien! tu l'as vu; quelle mine avait-il? As-tu reconnu, parmi celles qui étaient à la fête avec vous deux, la mère Rougé? On dit que la femme Michel y va quelquefois; t'y es-tu rencontrée avec elle ?»

Tandis que sa mère parlait, Clorinde, forte de son innocence, et reconnaissant que le point principal de son escapade de la veille était inconnu, se prépara à faire une réponse qui pût la mettre à couvert de tout. Elle essaya de prouver à sa mère combien il était absurde de prétendre qu'elle eût été au sabbat ; elle ne disconvenait point avoir été chez la Robillot, pour qu'on lui apprît son sort futur, au moyen de l'infaillible jeu de tarot, mais qu'il ne s'était rien passé au-delà de ce qu'elle racontait.

« — Je suis sortie, ajouta-t-elle, par la porte ; je suis rentrée chez nous par la même voie, et je ne comprends rien à tout ce que tu me dis. Il n'y a que les deux soufflets qui seront certainement la cause de ma mort. »

Et la jeune fille recommença ses cris et ses larmes. Le récit qu'elle venait de faire était trop simple pour contenter la dame

Séphas. On avait parlé à celle-ci de courses nocturnes, d'entrevues avec le diable, et elle voulait qu'il en fût absolument quelque chose, et elle tenait tant à cette extravagance, qu'elle aurait pardonné ce crime à Clorinde, si Clorinde lui avait fait une longue narration de ce qui lui était complétement inconnu. Voyant qu'il était impossible de rien tirer de sa fille, et fâchée d'une autre part de s'être portée contre elle à un excès que la jeune personne était loin de supporter tranquillement, elle se résolut à remonter à la source principale, et elle se rendit chez la Robillot.

Dès son entrée elle se monta au diapason de la querelle la plus véhémente. « Eh bien ! femme de méchante vie, lui dit-elle, vous corrompez ma pauvre enfant, vous l'amenez à partager vos turpitudes ; mais patience, le diable ne sera pas toujours là pour vous défendre, et je trouverai bien le moyen de vous punir. »

La partie inférieure du corps de la Robillot était frappée d'une maladie terriblequi l'empêchait de se remuer; mais la langue était restée intacte, et dans ce moment ceux qui auraient pu craindre pour elle durent être fort rassurés à la manière dont elle remplit ses fonctions.

« Dis donc, la crieuse de vieux chapeaux, crois-tu me faire peur avec ta voix de rogomme et tes yeux de chandelle? Est-ce que je te dois quelque chose? ton honneur peut-être? Dans ce cas, je l'aurai revendu si souvent que je ne peux plus te dire où il se trouve. Sais-je ce que fait ta fille? Elle imite sa mère sans doute; et quand au diable, s'il ne t'a pas emportée toi-même, c'est qu'à force de vivre avec les gens d'église, tu auras pris la part de leur sainteté. »

La véhémence de la riposte, dite en présence de madame Loret et de la nièce Rosalie, porta un coup cruel à la mère de Clorinde. Terrassée par les souvenirs qu'on lui retraçait, et craignant que la mémoire de son ancienne connaissance ne lui rappelât ce qu'elle-même avait tant de peine à oublier, elle reprit la parole sur un ton moins haut et avec des expressions moins belliqueuses.

« — Vous ne devez pas trouver mauvais, madame Robillot, qu'une mère s'informe de ce que devient sa fille. Il n'est bruit dans le quartier que du voyage qu'elle a fait hier au soir avec vous vers le sabbat. Je veux que vous m'avouiez la vérité et savoir pourquoi vous avez conduit là ma Clorinde. »

Rosalie, à cette question, se prit à rire. « — Eh! Madame, dit-elle, ma pauvre tante n'est guère en position de courir après le diable; retenue dans son lit par une attaque, elle peut tout au plus recevoir sa visite, et non lui en faire. »

« — Tais-toi, insolente! cria la Robillot. Si tu continues, je te déshérite. Et quant à vous, mère Séphas, faut-il que vous écoutiez en franche badaude les bourdes que la canaille débite autour de nous! Votre fille n'a jamais été au sabbat, du moins en ma compagnie. Elle vint hier au soir pour que je lui tirasse les cartes, et elle s'en fut, non avec le diable, mais avec le jeune et beau Jean-Baptiste, qui la ramena chez elle, à ce que je crois, mais dont je ne répondrai pas. »

La colère nous entraîne hors des limites que nous trace la prudence. Certainement la Robillot ne devait en aucune manière révéler ce qu'elle savait de particulier touchant les inclinations malheureuses de mademoiselle Séphas ; c'était une corde délicate à toucher, et dont le son pouvait la compromettre elle-même ; mais en présence d'une femme qui ne l'aimait point, qui avait cherché à lui nuire et qu'elle avait la possibilité de mortifier, elle oublia les règles de la sagesse, elle compromit la jeune fille et elle exposa sa propre tranquillité, égarée à ce moment par le seul désir de la vengeance.

« —Ah! vraiment, s'écria la veuve Séphas, j'en apprends de belles. Est-ce donc ici une maison de passe, et tiens-tu des chambres garnies pour celles que des polissons détournent de leur devoir? »

« — Jour de Dieu ! répliqua la Robillot hors d'elle-même, tu dois savoir que j'ai renoncé à ce mauvais commerce depuis le jour où tu fus surprise chez moi avec le gros abbé par ton mari. Va, je me moque de toi ; je fais mes pâques, et mon confesseur vaut le tien. »

« — Peut-il donner l'absolution à ta vieille carcasse ? peut-il empêcher le diable de la saisir ? riposta la veuve, qui, dans les grandes occasions, ne gardait pas, elle aussi, cette modération tant recommandée par l'Ecclésiaste. Mais quel est ce Jean-Baptiste, ce drôle, ce va-nu-pied dont j'entends parler pour la première fois ? »

« — C'est un jeune colleur de papier, de bonne mine, dit alors la femme Loret qui se crut obligée de donner à une mère éplorée les renseignemens qu'elle demandait ; il vit avec la petite Thérèse Mortier, qui est grosse, et qui va accoucher de ses œuvres. On assure que ses parens sont riches, et peut-être ne feriez-vous pas mal de le prendre pour gendre, puisque votre fille court après lui. »

Ces révélations inattendues, ce coup d'assommoir dont on frappait tout à la fois l'ex-crieuse de vieux chapeaux, la jetèrent dans un état de spasme qui nécessita quelques secours. Elle pleurait, criait; elle se tordait les bras, et madame Loret, ainsi que Rosalie, eurent beaucoup à faire pour la tranquilliser, tandis que la sorcière dans son lit jouissait de ce désespoir maternel.

«—Prenez du courage, Madame, dit enfin Rosalie. Une fille, pour si bien élevée qu'elle soit, n'est pas perdue parce qu'elle a un amant. J'en connais de très-sages, de très-vertueuses qui en ont eu une demi-douzaine sans en être compromises. Si ce jeune homme a du bien, s'il est bel homme, cela prouve que votre demoiselle a eu bon goût. »

Ce genre de consolation ne convenait guère à la mère Séphas; mais tout entière aux amours scabreuses de sa fille, elle ne songea plus au sabbat, elle ne s'occupa plus à poursuivre la querelle qu'elle était venue entamer; elle partit impatiente d'éclaircir avec Clorinde un point d'une bien plus haute importance. Rosalie, dès qu'elle l'eut vue sortir, s'informa avec beaucoup d'intérêt de ce Lovelace du quartier du Temple; et les renseignemens qui lui furent fournis firent naître dans son âme le vif désir de connaître Jean-Baptiste et de savoir s'il valait la peine qu'on s'occupât de lui.

Clorinde était loin de s'attendre à l'orage qui fondrait sur elle au retour de sa mère. Jamais il ne serait entré dans son idée que sa bonne amie, la mère Robillot, fût capable de la trahir avec autant de froideur, et au moment surtout où elle avait à lutter contre une colère déjà poussée à l'excès. Quelle ne fut donc pas sa surprise lorsque la marchande de vieux chapeaux reparut devant elle encore plus courroucée, lui reprochant sa conduite, et déplorant avec une sorte de sincérité qu'elle n'eût pas préféré se donner au diable plutôt qu'à ce polisson de Jean-Baptiste! car c'est de ce titre qu'elle affubla celui-ci.

Les premiers mots de Clorinde furent pour nier tout rapport avec le jeune homme dont il était question; mais ici la franchise ne s'exprimait plus par sa bouche, et le moins habile aurait reconnu qu'elle soutenait sa défense sur un mauvais terrain, poussée à bout et prenant des forces par l'excès de son chagrin.

« — Eh bien, oui, ma mère, dit-elle, j'aime ce pauvre garçon. Quand je dis pauvre, ce n'est pas qu'il le soit; il appartient à de bons parens, et il aura plus de trente mille francs en mariage. »

« — Ce serait alors un mal moindre, répliqua la mère, si d'ailleurs il n'était pas un détestable sujet. Mais comment, malheureuse, as-tu pu faire pour t'attacher à un bandit qui vit publiquement avec une maîtresse près de mettre au monde le fruit de sa honte? Sont-ce là les résultats des principes que tu tiens de moi? »

Cette question n'était guère adroite; et

si Clorinde en réponse eût demandé à sa mère de quels principes elle parlait, la veuve Séphas aurait été fortement embarrassée de les désigner ; elle s'était plus occupée d'instruire sa fille à tromper les chalands, à n'avoir aucune bonne foi dans le commerce, qu'à tout autre chose ; et maintenant, sans plus se souvenir du passé, elle voulait cueillir ce qu'elle n'avait pas semé. Soit que Clorinde n'y songeât point, soit que de telles vétilles lui parussent indifférentes, elle établit autrement sa réponse, en racontant, sans rien omettre, de quelle manière les choses s'étaient passées ; elle dit tout enfin, hors l'affaire des cinq cents francs, qu'elle laissa dans un profond silence. Sa mère sut alors comment Jean-Baptiste, rôdant dans le quartier, était parvenu, sans s'en douter, à la rendre amoureuse de lui ; comment, pour arriver à toucher le cœur de cet insensible, elle avait eu recours à madame Robillot ; comment celle-ci, par la magie, avait tenté de la seconder ; Clorinde enfin ne laissa ignorer aucune particularité de la scène terrible qui, la veille au soir, avait eu lieu chez la sorcière. Vainement, dans cette partie de la narration, elle raconta tout au pied de la lettre, sans aucun embellissement; vainement, d'après ce que le jeune homme lui avait, dit-elle, affirmé que le hasard seul l'amenait dans cette maison, jamais ne put sortir de la pensée de sa mère que le diable, d'accord avec madame Robillot, était pour beaucoup dans cette manigance. Clorinde acheva en jurant que Jean-Baptiste ne soupçonnait point l'amour qu'il inspirait, et en disant que, quant à elle, sa mort était certaine, si elle ne l'épousait point.

« — Je sens que je fais une folie, ajouta-t-elle; mais je ne puis me commander; il se lassera d'une fille sans fortune; et si vous faites parler à ses parens, je ne doute pas que, d'accord avec eux, nous ne l'amenions bientôt au mariage. Il a trente mille francs, ma mère; songez donc, trente mille francs, n'est-ce pas un parti superbe? »

« — Il n'y aurait rien à dire, repartit madame Séphas, sans ce méchant bâtard qui va venir au monde, et cette vilaine créature qui restera sur le pavé. Au demeurant, puisque tu m'affirmes que tout est en cela, puisque rien de plus dangereux n'a eu lieu, je veux te pardonner, et je m'occuperai de suite de te satisfaire, si cela se peut. Le jeune homme a-t-il un père, une mère, et où logent ceux-ci ? voilà ce qu'il faut que je sache avant d'agir. »

Et voilà positivement ce qu'il n'était pas au pouvoir de Clorinde de dire à sa mère, ce que personne enfin ne savait dans le quartier. Ce Jean-Baptiste, comme Melchisédech, le grand-prêtre de Sion, ne possédait ni parens ni famille, et sa demeure véritable était même inconnue. Force fut à la jeune fille de l'avouer en partie. Elle déclara ne pas le savoir dans ce moment, et elle prit l'engagement de le demander à gens plus instruits, elle-même croyant que, dans la maison de M. Saint-Thomas, tout le monde serait en état de le lui apprendre.

La paix faite entre la mère et la fille, Clorinde se mit en mesure d'obtenir de Sophie la révélation de ce qui lui était si nécessaire de savoir ; mais comme elle ne put y parvenir, et que ceci ne doit guère nous inquiéter maintenant, je terminerai ici ce chapitre; d'autres soins m'appellent ailleurs.

CHAPITRE XI.

L'AMI ET LE PÈRE.

« Rien d'un ambitieux ne rebute le cœur,
Son repos et ses amis même
Sont des biens qu'il immole au soin de sa grandeur. »
Mme. DESHOULIÈRES.

Fortes creantur fortibus et bonis.
HORACE, liv. IV, ode 4.
« Un père vertueux a des enfans vertueux comme lui. »

« — IL est impossible, Colonel, que vous ne soyez pas trompé par les apparences : ce que vous me contez est hors de toute vraisemblance, et jamais Adolphe n'a pu s'avilir à ce point. »

« Je voudrais, madame la Marquise, être

le jouet d'une illusion, ou qu'un mensonge ridicule m'eût été débité. Par malheur il n'en est rien : je vous dis ce qui est, ce que je tiens, non d'un espion maladroit, mais de mon malheureux ami lui-même. »

« — J'ai besoin, en vous entendant affirmer cette histoire abominable, de toute la force dont la nature m'a douée, ou plutôt pourquoi votre récit ne m'a-t-il pas fait mourir sur-le-champ? Pourrai-je d'ailleurs supporter la vie? ma vieillesse ne sera-t-elle pas empoisonnée, et sera-ce avec le sentiment de la honte que je descendrai dans ma dernière demeure ? »

« — Commandez à votre juste chagrin, madame la Marquise, répliqua Mongervel. Songez que ce n'est pas une délation odieuse que je viens vous faire : un noble sentiment me guide dans mes démarches actuelles. J'aime Adolphe ; je suis son meilleur ami ; je dois, malgré lui-même, l'arracher de la voie de perdition dans laquelle il s'engage; et pour y parvenir, il a fallu commencer par faire à la raison et à l'attachement véritable le sacrifice entier d'une délicatesse apparente. Je me suis adressé toutes les objections d'un honneur exagéré; je lui ai répondu avec cette maxime : On a rempli son devoir chaque fois qu'on a retiré un honnête homme d'un gouffre dans lequel il était tombé. Tous moyens sont bons pour arriver à cette œuvre méritoire; car s'il est permis de casser un membre, de déchirer avec un croc les chairs de celui qu'on veut retirer de l'eau, il doit donc être permis d'employer, pour arriver à ce grand bien, à une salvation morale, tout ce que d'abord on repousserait dans une situation ordinaire. Je me flatte d'être approuvé par le monde, par la famille de Nertal et enfin par mon ami lui-même. »

« — N'en doutez point, Colonel, répondit la marquise, votre conduite sera dignement appréciée; et je vous promets qu'elle obtiendra une récompense que vous ne pouvez prévoir. Il dépend de moi de faire pour vous bien au-delà de toutes vos espérances, et ce que j'ai tardé à exécuter dans votre intérêt le sera aussitôt que vous aurez rendu ce service à ma famille. Quoique âgée, je ne radote pas encore ; je vous le répète, votre sort est dans mes mains, il dépend de vous qu'il en sorte brillant. »

« — Eh bien ! madame la Marquise, je dois vous avouer à mon tour que vos bontés pour moi à toutes les époques de ma vie m'ont fait soupçonner que je vous avais été fortement recommandé par quelqu'un qui vous était cher. »

« — Oui, Colonel; vous avez deviné une partie de la vérité. Je suis chargée de votre avancement; c'est à moi et non à vos services que l'on a accordé vos dernières récompenses ; mais celles que je vous destine sont tout autres, et vous ne les imagineriez point ; il faut néanmoins, pour que je sois autorisée à vous en combler, que vos efforts justifient ce qui vous arrivera. Vous êtes déjà élevé très-haut, vous monterez plus haut encore. Et savez-vous à quelle mains vous pourriez aspirer?.... Ne m'interrompez point, ne m'adressez pas des questions que maintenant je ne voudrais pas résoudre. Assurez le mariage de mon petit-fils avec sa cousine germaine, et le lendemain de ce jour prospère j'irai au-devant de votre impatience, et votre destin changera sans retour. »

On doit croire quel volcan d'impatience ces paroles mystérieuses allumèrent dans l'âme toute à l'ambition de Mongervel; il se créa sur-le-champ un avenir immense! Il osa présumer que peut-être la main de Régine de Nertal était celle qu'on lui montrait dans un avenir obscur, et son orgueil satisfait acheva de l'égarer en l'entraînant dans une voie tortueuse qu'il prenait pour celle de l'amitié et de l'honneur. De faux calculs le trompaient, et on doit lui rendre cette justice, il faisait mal en croyant bien faire, et de mensongères illusions égaraient son esprit.

Un moment de silence suivit la déclaration singulière de la marquise. Celle-ci, charmée que le colonel en ne l'interrogeant pas respectât la défense qu'elle lui avait adressée, reprit la parole.

« — Une chose manque à tout ce que vous m'avez appris, c'est de me faire connaître le nom et le lieu qu'habite cette infâme créature. »

« — Madame, repartit Mongervel, je vous ai donné la mesure de mon obéissance à toutes vos volontés, et à quel point le zèle m'anime pour la splendeur de votre maison. Mais ici permettez-moi de vous imiter et de garder un profond secret sur la personne en question. Je craindrais votre juste impatience; songez que nous ne sommes plus à ces époques où l'autorité venait au secours d'une famille puissante. Il faut user d'adresse et non de force. Laissez-moi le soin de conduire seul cette affaire. La plus légère imprudence gâterait tout, elle compromettait le succès ; que le comte de Nertal soit particulièrement le dernier instruit... »

« — Oui, vous avez raison de vous méfier de lui. Mon fils a une sorte de probité féroce qui m'effraie quelquefois ; je ne me reposerais pas en sa fermeté si son honneur devenait intéressé à ce qu'il commît un acte de faiblesse. Je conviens donc avec vous qu'il est inutile que nous le placions en tiers entre nous.... Mais dois-je être satisfaite que, voulant m'imiter, vous gardiez à mon égard une réserve...? Allons, Colonel, je serai patiente comme vous ; votre retenue ne me déplaît pas au fonds, et je me confie entièrement à votre esprit, à votre adresse, non moins qu'à votre amitié. »

A la suite de ce propos la conversation continua plus intime encore ; la marquise avait tant d'effroi d'une mésalliance qu'elle employa tous les moyens possibles à exciter un homme déjà assez attaché à sauver son ami. Elle lui dit surtout de ne pas épargner son argent.

« — J'ai une somme très-considérable dans mon secrétaire, prenez-la, disposez-en jusqu'au dernier écu. »

« — Cela n'est pas nécessaire, répondit Mongervel ; c'est plus par le secours des passions habilement excitées que par tout autre voie que je veux arriver à la victoire.»

« — Mais, demanda la marquise, croyez-vous que cette vile créature n'accepterait pas en dédommagement d'un mariage impossible ce qui pourrait faire sa fortune ; cinquante, cent, deux cent mille francs....? Je m'appauvrirais sans peine, ou plutôt je me dépouillerais avec joie si à ce prix je sauvais une tache à ma maison. »

« — Je n'ai pas encore vu cette jeune fille, Madame ; je crains de me rencontrer avec Adolphe là où il ne devrait pas me voir ; je ne puis par conséquent savoir si elle n'est qu'intéressée ou si elle possède l'exaltation de cet amour pur....

« — Ah ! Colonel, vous tombez dans le bucolique ; n'allez pas ravaler un sentiment de bonne compagnie en le supposant terni dans des êtres tellement avilis... Tâchez par vous ou par quelqu'un à vous de parvenir jusqu'à cette malheureuse. N'ayons pas à nous reprocher d'avoir négligé une voie qui peut-être nous sauverait ; j'en espère beaucoup, il n'y a ni délicatesse ni grandeur d'âme dans le peuple, soyez-en certain; j'ai toujours ouï dire dans l'ancien régime que, pour de l'argent, on faisait faire à ces gens-là tout ce qu'on voulait. »

Mongervel sur ce point ne pensait nullement comme la vieille dame. Il avait pu mieux qu'elle approcher de ces classes malheureuses que l'on calomnie parce qu'on ne les connaît pas. Il savait que l'on rencontre là, et dans une proportion pareille, autant de vertu, de mérite et de probité que dans les castes supérieures. Mais en cette circonstance il se garda bien de contredire la marquise; il lui promit de tenter la voie qu'elle lui ouvrait, quoique au fond il n'en espérât aucune réussite.

Tout ayant été réglé entre les deux conspirateurs, ils se séparèrent. Le père Poulvant entrait d'ailleurs chez la marquise, et celle-ci n'était pas décidée à lui confier encore ce qu'elle tramait avec Mongervel. Ce dernier voulait passer chez

Adolphe, sans s'attendre à la scène que le jeune Nertal lui préparait.

La confidence que Thérèse avait faite à Jean-Baptiste au sujet de ces deux dames qui, prétendait-elle, s'étaient entretenues des amours du vicomte dans l'église de Sainte-Elisabeth, cette confidence, dis-je, tourmentait singulièrement Adolphe. Elle lui donnait la certitude que son secret avait été trahi; mais de quelle manière et pourquoi? voilà ce qu'il ne savait point et ce qu'il aurait voulu apprendre au prix d'une portion de son existence. Certainement Thérèse avait bien entendu son nom; comment, s'il n'était pas venu frapper son oreille, aurait-elle deviné qu'il existait de par le monde un vicomte de Nertal? Cela devenait impossible, et il se perdait dans les nombreuses conjectures qu'il imaginait à ce sujet.

Son premier soin fut de soumettre Joseph, son domestique favori, à une sévère investigation. Le jeune homme la soutint avec une fermeté victorieuse; il se montra si franc, si clair dans ses réponses; il fut tellement de lui-même au-devant de toutes les objections qu'on pouvait lui opposer, qu'il contraignit son maître à proclamer son innocence de la manière la plus éclatante; mais le résultat obtenu de ceci plongeait Adolphe dans une tristesse véritable : si Joseph n'était point coupable, Mongervel devait l'être, et si son ami l'avait trahi, quel sentiment désormais serait sacré, et à quelle discrétion convenait-il de se fier ? Ce fut au moment précis où, par une réparation solennelle, le vicomte rendait justice à la discrétion de son valet de chambre, que le colonel parut devant lui ; l'heure était mal choisie ; mais la fortune voulait être favorable à Thérèse et à son amant, et si ce dernier ne sut pas en profiter, il n'eut plus le droit d'accuser l'inconstante déesse.

« — Je suis charmé, Colonel, de vous voir, dit Adolphe en faisant signe à Joseph de se retirer. J'allais passer chez vous : il m'importe d'avoir ensemble une explication que la circonstance rend nécessaire. »

« — Une explication, cher ami, répliqua le colonel, et de quel genre? Est-ce du guetapens de l'autre soir chez Dolmer? Je puis vous certifier que je suis presque innocent de cette mauvaise plaisanterie. Je ne m'y suis prêté que par force, et lorsque déjà vous aviez perdu la raison. »

« — Il aurait été généreux à vous d'en avoir pour nous deux, et de m'empêcher de rougir vis-à-vis de moi-même. Cependant, comme vous n'êtes pas mon mentor, que je suis dans le monde à mes périls et risques, je ne me plaindrai pas à vous de cette très-méchante plaisanterie, et si j'en garde rancune à quelqu'un ce sera à ce libertin de Dolmer, qui veut que tous se conduisent mal parce qu'il mène une vie détestable. »

« — Je suis charmé que ceci ne nous excite pas l'un contre l'autre, et maintenant j'attends avec impatience, et non sans crainte, l'explication annoncée. »

« — Colonel, je vous la demanderai en peu de mots; vous êtes le seul confident de ma f...., de mon amour pour la jeune Thérèse, et ce secret est déjà une chose publique. »

Le colonel, avant que de répondre, fit un mouvement imperceptible, qui peut-être n'échappa point à Nertal ; mais il sut le réprimer avec tant d'adresse que le vicomte fut dans l'impossibilité d'affirmer si véritablement il avait eu lieu.

« — Vous me surprenez, Adolphe, dit Mongervel, et vous me surprenez de toutes manières ; d'abord en me désignant comme le seul admis dans votre confidence, lorsque je crois vous avoir entendu dire que le premier initié dans ce mystère était votre valet de chambre Joseph ; ensuite me choisissant plus particulièrement pour celui dont vous avez à vous plaindre. »

« — Joseph s'est justifié, » répliqua le vicomte avec une simplicité d'accent et d'expression qui troubla Mongervel en même temps qu'elle le piqua.

« — Ainsi donc, répondit-il avec un sourire forcé, je suis atteint et convaincu de perfidie, parce qu'un valet aura été adroit. »

« — Colonel, pourquoi outrager ce pauvre garçon? Il ne vous a pas accusé lorsqu'il m'a donné la preuve non équivoque de sa discrétion. »

« — Vous m'accusez donc nominativement d'en avoir manqué? Répondez à votre tour. »

« — Non, Mongervel, je ne vous accuse pas; je doute encore parce que je vous aime et que je serais trop heureux si vous me confondiez dans mes doutes, si tant est que j'en aie contre vous. Voici le fait : Thérèse, dimanche dernier, se trouvant à la messe dans l'église de Saint-Elisabeth, entendit deux dames placées devant elle, prononcer le nom d'un vicomte de Nertal qui lui était inconnu. Elles parlèrent de lui; elles affirmèrent que de faux amis travaillaient à brouiller ce jeune seigneur avec sa maîtresse qui est une pauvre couturière... »

« — Et le nom de votre Thérèse ne fut pas prononcé? » demanda Mongervel avec une vivacité curieuse.

« — Non, mon ami, le mien seul a été mis en jeu. »

« — C'est là un coups du sort, reprit le colonel, et il protége visiblement vos amours. »

« — Je le désire plus que vous ne le souhaitez peut-être. »

« — Il est vrai que, dans cette lutte entre une pauvre fille et la jeune duchesse de Gespart, je suis assez peu libéral pour former des vœux en faveur de la dernière, sans croire par là vous être mauvais ami. »

« — Vous pensez comme le monde; mais il ne s'agit pas de décider de quel côté devrait pencher la balance : j'en reviens à ma narration.

» Thérèse, comme les femmes qui ont peu d'idées, parce que l'occasion de les développer leur a manqué, écouta, et retint avec un soin extrême cette conversation; elle ne se douta néanmoins en aucune manière combien elle y était intéressée, et hier elle me l'a redite simplement par forme de conversation, me laissant voir toutefois combien elle prenait de part à la cause de la jeune fille, et le mépris que lui inspiraient les méchans qui voulaient son malheur; elle a fait plus, elle m'a supplié de chercher l'occasion de parvenir jusqu'à ce vicomte, afin de le prévenir de ce que l'on machinait contre son amour. »

« — Savez-vous, Adolphe, que ce que vous me contez là est la chose la plus plaisante, la plus romanesque? » s'écria Mongervel en riant aux éclats.

Mais il y avait dans ce rire une expression tellement triste, tellement forcée, qu'elle n'inspirait pas le besoin de la partager.

« C'est une page d'une histoire très-dramatique, je vous jure, continua le même interlocuteur, et avec votre esprit vous pourriez, dans un cercle, vous faire écouter avec intérêt pendant une heure, si vous vouliez en faire le récit. »

« — Ceci peut vous paraître gai, répliqua le vicomte, et moi je le trouve douloureux au plus haut point; j'y vois clair comme le jour que mon intrigue est découverte, que l'on machine contre moi, que l'on veut perdre Thérèse, et qu'il y a dans l'ombre un ennemi secret duquel elle et moi avons à nous garder. »

« — Et cet ennemi, Adolphe, préjugez-vous qui il peut être ? »

« — Non. »

« — Et vous vouliez avoir avec moi une explication ? »

« — Oui. »

« — Et dans quel but, puisque vous me croyez encore votre ami ? »

« — Parce que vous pouvez être coupable, sinon volontairement, du moins par imprudence. »

« — Ah ! j'entends ; vous me faites l'honneur de me soupçonner. »

« — Je suis, Mongervel, dans une position bien malheureuse ; je me vois vendu et je cherche le marchand vendeur. A Dieu ne plaise que j'imagine qu'il se trouve, que je veuille le trouver dans un homme que j'estime et que j'aime ? Mais cet homme peut être égaré par une fausse manière de me prouver son attachement; il peut avoir cru ne rien dire, il m'aura cependant compromis. »

« — Je pensais n'être arrivé au rang que j'occupe dans le monde que grâce moins à ma valeur, commune à tous les Français, qu'à une conduite prudente et réservée; il vous était destiné de m'apprendre le contraire, et de me ranger parmi ces étourneaux, ces cervelles à l'envers.... »

« — Ai-je rien dit de cela, Colonel? »

« — Ma foi, Vicomte, vous avez fait entendre l'équivalent. Je dois être traître ou imprudent, et j'avoue qu'entre ces deux hypothèses la meilleure encore me déplaît beaucoup. »

« — Et pensez-vous que moi, que l'on attaque dans mon affection la plus douce, je n'aie pas aussi à me plaindre? Mon secret n'est-il pas révélé? n'est-il pas prouvé, par le récit de la jeune fille, qu'elle et moi nous sommes surveillés? Ces deux femmes mystérieuses, qui sont-elles? »

« — Je ne le sais pas, ni ne désire le savoir, dit Mongervel non sans quelque hauteur. Je ne me mêle point de former des conjectures là où il n'y a aucun fondement pour les établir. Mais revenons au point principal de notre conversation. Je vous demande de caractériser positivement la ou les questions qu'il vous plaira de m'adresser. »

« — Une seule, Colonel, une seule. Avez-vous appris à quelqu'un ce que je vous avais confié ? répondez par un monosyllabe : oui ou non. »

« — C'est ce que je ne ferai pas, Adolphe; c'est ce que je ne pourrais faire qu'en me dégradant à vos yeux et aux miens. Ou je suis votre ami, ou je ne le suis pas; dans le premier cas, devez-vous me soumettre à l'injure d'une justification? dans le second ; est-ce qu'un nouveau parjure me coûtera? Ne dépendra-t-il point de moi de vous entretenir par une parole mensongère dans une sécurité trompeuse?»

« — Colonel, je suis fâché de votre réponse ; mais celle de Joseph a été plus droit au but. »

« — Grand merci ! Adolphe ; je vous entends, mon amitié vous importune, et vous voulez vous en débarrasser. »

« — Je veux sortir, n'importe à quel prix, de mon inquiétude ; je veux connaître la solidité du terrain sur lequel il faut que je marche. Ainsi, je vous en conjure, n'ayez pas vis-à-vis de moi une susceptibilité funeste ; répondez franchement à la question que je vais vous adresser. »

« — C'est inutile que vous preniez ce soin ; j'ai résolu de n'en rien faire, je ne dois pas m'exposer à un pareil affront. »

« — Colonel, vous me forcez à vous dire que je suis maintenant plus assuré que jamais de l'innocence de Joseph. »

« — Halte là ! Vicomte, ne poussez pas plus loin l'outrage, je ne pourrais le supporter ; et j'attends de votre amitié moins irritée que vous conviendrez entre nous que vous avez lâché bien légèrement ces dernières paroles. »

« — Non, certes, je n'en conviendrai pas ; ma conviction quand je les ai prononcées était trop entière. »

« — J'en suis fâché pour vous, et plus encore pour moi ; vous suspendez, en persistant dans ces expressions dégradantes, une amitié que je voudrais éternelle ; j'espère qu'elle se renouera, après toutefois une satisfaction que je vous demande en versant des larmes de sang. »

« — Et que je vous accorderai à l'heure même, dit Adolphe impétueusement, tandis qu'il courait vers son épée suspendue à un meuble voisin. Marchons, Colonel, je suis prêt à vous suivre. »

En ce moment la porte de la chambre fut ouverte, le comte de Nertal entra ; il était trop homme d'honneur et du grand monde, pour ne pas voir du premier coup d'œil la scène qui se préparait. Le colonel debout, le pied en l'air comme prêt à sortir, les joues enflammées, le regard étincelant et la main étendue, offrait l'aspect d'un personnage vivement offensé, et qui partait pour aller en tirer une prompte vengeance. Adolphe, non moins ému mais pâle à cause de la différence des tempéramens, tenait son épée qu'il se hâtait de ceindre autour de son corps; une dignité haute se peignait sur sa figure, et des éclairs partaient aussi de ses yeux. Le comte les examina en silence l'un et l'autre; il tressaillit peut-être malgré lui, et portant la main à son chapeau :

« — Messieurs, dit-il en saluant, je crois que j'arrive à un instant fâcheux pour vous et qui, pour moi, ne sera pas moins désagréable. Colonel, vous êtes le plus âgé des deux, me permettrez-vous de vous demander le sujet de votre dispute, et sans doute de l'acte funeste auquel vous vous préparez ? »

« — Notre dispute ! monsieur le Comte, répondit Mongervel en hésitant ; je vous assure.... »

« — Une dénégation est inutile, reprit M. de Nertal, là où j'ai acquis la certitude que vous avez perdu la raison. J'avoue qu'entre vous deux il m'est pénible et difficile de désigner l'agresseur ; mais enfin, comme toute querelle doit être vidée, il est bon d'en savoir les détails ; peut-être qu'on pourra l'accommoder. Non que je veuille, poursuivit le comte d'une voix plus solennelle, détourner mon fils d'obéir au devoir que les Français se sont imposés, mais s'il y avait un moyen de vous satisfaire l'un et l'autre.... »

« — C'est impossible ! dit Adolphe avec une fermeté modeste, tandis que tout son être annonçait combien il souffrait de causer un tel chagrin à son père. Mais je suis obligé par les lois les plus impérieuses de demander à Monsieur une réponse claire et précise, et Monsieur se refuse à me la donner. »

« — Oui, ajouta le colonel, il est question d'un oui ou d'un non, et je répugne à me sortir à si bon marché d'une méchante affaire. »

En disant ces mots il voulut sourire en

core, et plus que jamais sa gaieté factice se manifesta.

«—Ce motif me paraît bien futile, dit le comte avec étonnement, pour conduire sur le pré deux excellens amis. »

« — Ah ! mon père, si vous saviez quelle est la cause.... »

« — Il dépend de vous de me l'apprendre, je suis ici pour vous écouter. »

Adolphe sentit l'école qu'il venait de faire et garda le silence.

«—Colonel, dit alors le comte, puisque Adolphe est muet, voudriez-vous m'apprendre.... »

« — Accusé déjà par le vicomte de trahir sa confiance, je n'ajouterai pas à ce grief.... »

« — C'est cependant, Monsieur, ce que je vous demande. »

«—Eh! monsieur le Comte, puis-je.... »

« — Oui, Monsieur, vous le pouvez, et désormais vous le devrez même. Tout combat singulier ne peut avoir lieu qu'en présence de deux témoins; vous savez comme moi que c'est à eux à tâcher d'accommoder l'affaire, si cela se peut, et dans le cas contraire, ils doivent régler les préliminaires du duel. »

« — Oui, Monsieur, je sais tout cela. »

« — Eh bien, Colonel, vous voyez en moi le second de mon fils. Ce sont des fonctions pénibles, mais dont je m'empare.»

« — Vous, mon père ! »

« — Vous, monsieur le Comte ! » s'écrièrent en même temps Adolphe et Mongervel.

« — Oui, moi, moi-même. Et maintetenant, Colonel, je vous prie de désigner votre second, afin que nous procédions ensemble convenablement. »

« — Oh ! mon père, jamais je ne souffrirai que vous preniez un tel soin; votre présence me serait affreuse dans ce fatal moment. »

« — Quant à moi, répliqua le colonel, un combat avec un tel témoin me deviendrait pire que l'affront le plus direct; je vous aime trop, Comte, j'ai pour vous un trop profonde estime. »

« — J'entends; devant moi vous auriez quelque regret de tuer mon fils; mais par-derrière.... oh! alors, vous agiriez en toute sûreté de conscience. »

« — Vous êtes sévère, Monsieur. »

« — Je suis juste, monsieur de Monger-vel. Cependant, ne vous figurez point que je vienne par ma détermination mettre un obstacle insurmontable à votre duel, s'il est absolument nécessaire pour que votre honneur soit à couvert, si la chose est tellement grave qu'elle ne puisse être arrangée. Mon fils m'est trop cher pour que je veuille qu'il vive entaché; bien au contraire, je trouverais alors assez du vieux sang de mes ancêtres dans les veines, pour faire au besoin les fonctions de juge du camp, et pour crier du haut de la lice : *Laissez aller les bons combattans.* Ainsi, soyez tranquille sur ce point; mais si je puis vous mettre d'accord, si un enfantillage (il y en a à tout âge, Colonel) est le motif qui vous divise, qui mieux que moi peut vous faire entendre raison ? »

« — Mon père, dit Adolphe impétueusement, vous brisez mon cœur ; mais, je vous le répète, je ne puis vous rien avouer. »

« — Quant à moi, dit le colonel, je suis forcé d'imiter la retenue du vicomte, et en ceci je ne crains pas de l'obliger à rendre justice à ma délicatesse. »

« — Pourquoi, demanda Adolphe à son ami, ne voulez-vous pas que je vous la rende en toutes choses ? pourquoi vous obstinez-vous à ne pas prononcer un mot qui nous rendrait l'un à l'autre ? »

« — Parce que, avec le ton d'un despote, vous m'avez enjoint de le dire, et qu'en franc étourdi je me suis obstiné à ne pas vous céder. »

« — Messieurs, dit le comte, je ne pousserai pas plus loin mon intervention, elle devient maintenant inutile ; je connais votre querelle à fond, et j'en suis honteux pour tous les deux. Vous, Adolphe, êtes l'agresseur, et les premiers torts en ceci vous appartiennent. Voilà, cruel enfant, où conduisent des passions insensées; vous vous révoltez contre tout ce qui tend à vous en guérir, vous voulez qu'on vous berce dans votre folie. O mon fils! quels longs et douloureux chagrins vous préparez à votre famille! Voyez où vous êtes parvenu : vous vivez séparé des vôtres, vous êtes en révolte contre les nœuds les plus respectables, et vous allez, cédant à un mouvement de vaine colère, répandre la sang de votre meilleur ami. Est-ce vrai? suis-je dans l'erreur? répondez-moi, je vous le commande! »

« — Monsieur le Comte, dit le colonel en s'approchant, comme il n'y a plus entre nous de motifs de dispute, car je me déclare satisfait, il me semble inutile qu'Adolphe obéisse à un ordre que lui et moi respectons. »

« — Vous êtes bien généreux, Mongervel, dit Adolphe en se jetant dans les bras de son ami; je voudrais que vous fussiez également sincère. »

« — Ah! le taquin! L'entendez-vous, Comte? il est tout prêt à recommencer la querelle. »

« — Non! et cent fois non! répliqua Adolphe; mais je suis bien malheureux. »

« — Et moi, mon fils, que suis-je? »

Adolphe tomba aux genoux de son père.

FIN DU TOME DEUXIÈME.

www.ingramcontent.com/pod-product-compliance
Lightning Source LLC
Chambersburg PA
CBHW060127170426
43198CB00010B/1062